PAR

F. MARBEAU

DEUXIÈME ÉDITION, AVEC PLANCHES

PRIX : 3 FRANCS

PARIS

AU SIÈGE DE LA SOCIÉTÉ DES CRÈCHES

27, RUE DE [illegible]

ET A LA LIBRAIRIE ADMINISTRATIVE PAUL DUPONT

[illegible], RUE JEAN-JACQUES-ROUSSEAU

[illegible]

MANUEL
DE LA CRÈCHE

OUVRAGES A CONSULTER SUR LES CRÈCHES

Des Crèches, par F. Marbeau (ouvrage couronné par l'Académie française). — 1 franc.

De la Conservation des enfants par les Crèches (avec plans, par M. Trigant de Beaumont. — 7 fr. 50. (Muzard et fils, 26, place Dauphine.)

Construction et Organisation des Crèches, *Salles d'asile*, *Écoles*, avec atlas et plans, par M. Emile Cacheux. — 40 francs. (Baudry et Cie, 15, rue des Saints-Pères.)

De l'Hygiène des Crèches, rapport et discours à l'Académie de médecine, par le docteur A. Delpech, 1869 et 1870. (J.-B. Baillière et fils.)

Discours sur les Crèches, par MM. les abbés Augault, Hugon, etc.

MANUEL
DE LA CRÈCHE

PAR

F. MARBEAU

> La Crèche est, dans ces pays industriels, le complément essentiel du système d'éducation populaire et du système de secours. Elle pourrait sauver tous les ans 100,000 petits *Français!...*

DEUXIÈME ÉDITION, AVEC PLANCHES

PRIX : 3 FRANCS

PARIS
AU SIÈGE DE LA SOCIÉTÉ DES CRÈCHES
31, RUE DE LONDRES
ET A LA LIBRAIRIE ADMINISTRATIVE PAUL DUPONT
41, RUE JEAN-JACQUES-ROUSSEAU

1866

PRÉFACE

DE LA PREMIÈRE ÉDITION

La sollicitude pour l'enfance est un signe de vraie civilisation.

16e Séance.

Nous savons tous que « l'enfant est une source de biens ou de maux, — pour la famille et pour le pays, — suivant qu'il a été bien ou mal élevé » ; cependant nous agissons, généralement, comme si nous l'ignorions. Le bon sens dit aussi que « pour bien élever un enfant quelconque, il faut commencer l'éducation dès sa naissance ; la continuer, la finir avec soin » ; et, presque toujours, on néglige ou la première phase, ou la seconde, ou la troisième ; souvent les trois..., même pour l'enfant adulé !

Un des mérites de la Crèche, c'est d'attirer l'attention publique sur ces vérités fondamentales, et d'accroître la sollicitude pour *tous* les enfants. La Crèche est, dans les pays industriels, le complément essentiel du système d'*éducation populaire* et du système de *secours* : elle pourrait sauver tous les ans plus de 100,000 petits Français.

Quand on soignera mieux l'éducation, il y aura moins de mauvais fils, partant moins de mauvais époux, de mauvais parents, de mauvais citoyens, à tous les étages : l'ignorance, l'immoralité, la misère, diminuant, le nombre des mauvaises actions diminuera ; celui des bonnes augmentera. On ne verra plus autant de mères abandonner leurs enfants, autant de maris abandonner leur famille ; et l'effroyable mortalité qui décime la première enfance diminuera sensiblement. Le travail, la force, la richesse et la sécurité gagneront du terrain.

« Améliorer le sort des travailleurs, sans nuire aux propriétaires », tel est aujourd'hui le problème à résoudre parmi les nations industrielles, et le mot de l'énigme est : CRÈCHE — ASILE — ÉCOLE — CLASSE D'ADULTES. Ce mot est, aujourd'hui, presque synonyme d'*éducation populaire*. Qu'on multiplie ces auxiliaires de la famille, et qu'on s'efforce de les rendre *éducateurs*, éducateurs avant tout, le problème sera enfin résolu. Mais, jusqu'alors, la démoralisation et la dégénérescence iront croissant, à mesure que l'industrie fera plus de progrès.

« La Crèche ne se borne pas à garder les enfants : elle donne tous les soins qu'exige l'éducation, et, par exemple, fait voir aux mères ce qu'il faut faire ou éviter pour le bien de leurs enfants. »

« Une si bonne idée, disait le cardinal Giraud, a dû naître dans le cœur d'une mère ! »

Mgr Affre : « C'est l'Évangile en action » ; Mgr Sibour : « ... Le chef-d'œuvre de la charité! » le père Lacordaire : « C'est une des plus belles fleurs du christianisme! » le bon cardinal Morlot : « Un de ses fruits les plus nécessaires aujourd'hui. » Rossi, mon maître en économie politique, disait : « L'utopie réalisée » ; le comte Molé : « Un progrès conservateur » ; le maréchal Gérard : « Nous nous appliquions à tuer ; vous tâchez de faire vivre... » MM. Dupin, Benjamin Delessert et Billault voyaient dans la Crèche le meilleur moyen de diminuer le nombre des abandons d'enfants. Le docteur Trousseau y voyait un moyen d'arrêter les progrès de la dégénérescence.

Le conseil de salubrité jugea l'institution fort utile à la santé ; l'Académie française, aux mœurs. Grégoire XVI la bénit *peramanter* ; Pie IX réitéra la sainte bénédiction. Napoléon III l'a mise sous la protection de S. M. l'Impératrice. A l'Exposition universelle, enfin, toutes les races l'ont approuvée.

Est-il un instinct, un penchant, un sentiment, une habitude, que ne puisse vaincre une éducation bien soignée du commencement à la fin? — Non, et il n'est rien de meilleur ici-bas que l'être humain élevé soigneusement ; rien de pire que celui dont le cœur fut négligé : *Optimi corruptio pessima*.

Améliorons, par tous les moyens possibles, l'éducation physique, morale, intellectuelle, et les mœurs ; nous aurons fait le plus grand bien possible à la France et à l'humanité.

Le Manuel est divisé en deux parties : la théorie et l'application.

La première partie fait connaître l'institution, sa raison d'être, son but, ses moyens d'action ; la seconde explique en détail ce qu'il faut savoir pour bien organiser et diriger la Crèche.

Le Manuel se termine par quelques *modèles* essentiels.

Les nombreuses publications de la Société des Crèches, et notamment le *Bulletin des Crèches*, contiennent des renseignements précieux. La Société, d'ailleurs, s'empresse de répondre aux questions ou demandes qui lui sont faites.

F. Marbeau.

Paris, 28 octobre 1867.

———

PRÉFACE

DE LA DEUXIÈME ÉDITION

Dans cette deuxième édition on s'est attaché à conserver le texte du *Manuel* tel qu'il avait été rédigé par M. F. Marbeau.

On a supprimé quelques détails qui ne concordaient plus avec les faits actuels, et on a ajouté, autant que possible dans des notes au bas de la page, quelques indications nouvelles inspirées par l'expérience.

On a placé à la suite du *Manuel*, avec des renseignements sur la dépense de première installation, les plans de plusieurs Crèches qui peuvent être considérées comme des types propres à être imités, sauf les modifications qu'exigeraient la disposition du terrain et les circonstances.

Paris, mai 1886.

MANUEL DE LA CRÈCHE

PREMIÈRE PARTIE

NÉCESSITÉ DE LA CRÈCHE DANS LES COMMUNES OU L'INDUSTRIE OCCUPE DES FEMMES, ET POSSIBILITÉ D'Y POURVOIR.

I. — Ce que c'est qu'une Crèche.

La *Crèche* est un établissement destiné à soigner, pendant les jours et heures de travail, certains enfants trop jeunes ou trop faibles pour suivre les exercices de la *Salle d'asile*. On lui a donné le nom du lieu où naquit Jésus, pour exprimer qu'elle ne doit pas se borner aux soins corporels. C'est un établissement de prévoyance, qui fait, dans le présent et dans l'avenir, du bien aux enfants qu'il soigne, à leurs mères et à leurs familles; qui se contente d'une rétribution inférieure à ses dépenses, et donne aux enfants tous les soins hygiéniques, intellectuels et moraux nécessaires au premier âge; à leurs mères, de bons exemples et de bons conseils.

Le mot générique *soigner* comprend tout ce qui est indispensable au bien-être physique et moral : la Crèche garde les enfants, leur procure tout ce qu'il leur faut, et veille sur eux comme la mère la plus tendre, la plus expérimentée. Elle les garde et les soigne tous les jours non fériés, depuis l'heure où le travail commence jusqu'au moment où il finit : ainsi la mère a sa journée complète.

Les enfants y trouvent un air pur, une alimentation et une température convenables, des soins continus et intelligents, le voisinage de leurs pareils, et un commencement d'éducation.

La Crèche n'accorde ses bienfaits qu'aux familles qui en ont besoin et qui en sont dignes; elle n'admet pas les enfants dont les mères se conduisent mal, ni ceux dont les mères travaillent au logis (1), ni les enfants malades : elle cesse de garder ceux que leurs mères négligent de venir allaiter. Ses règlements, pour l'admission et le renvoi des enfants, ont pour but de ne pas encourager la paresse ni d'autres vices, de conserver et améliorer la santé des enfants, et d'épurer les mœurs des mères pauvres dans leur intérêt le mieux entendu, comme dans l'intérêt de leurs enfants.

Elle ne garde que *les enfants trop jeunes ou trop faibles pour la Salle d'asile*... Dès que l'enfant peut être admis à la Salle d'asile, la Crèche ne le reçoit plus : il serait gênant et gêné dans une réunion de trop petits enfants. Mais, au contraire, s'il pouvait être gênant ou gêné dans l'Asile, on le laisse à la Crèche sans inconvénient.

Voici la progression naturelle : on *porte* l'enfant à la Crèche ; on le *mène* à l'Asile ; on l'*envoie* à l'école ; on le *place* en apprentissage.

II. — Quel est son but?

Le but final de l'institution est de faciliter l'allaitement maternel et de conserver les liens de famille dans les classes nécessiteuses ; de favoriser le travail des femmes ; de les aider à bien commencer l'éducation physique et morale de leurs enfants ; d'améliorer à la fois le sang et les mœurs dans la classe qui a le plus besoin de force et de vertu; de diminuer enfin le nombre des causes d'indigence et de méfaits.

III. — Pourquoi toutes les mères ne soignent-elles pas leurs petits enfants elles-mêmes ?

Faites cette question à la *porteuse de pain*, à la *blanchisseuse*, à l'*ouvrière en journée*, à toute autre mère qui, dès le matin, va travailler pour vivre, elle répondra : « Si je m'occupe de mon enfant, qui fera mon ouvrage ? et si mon ouvrage ne se fait pas, qui me donnera pour subsister et pour faire subsister l'enfant? — Votre mari... — Il est malade... il est sans ouvrage... il est paresseux... il est ivrogne... il m'a abandonnée... il est mort ! »

Le pauvre n'a pas de rentes : il vit de salaire ou d'aumône, et mieux vaut travailler que mendier ; c'est mieux pour la mère, pour l'enfant, pour la famille, pour le pays : tandis que la Crèche garde l'enfant, le travail nourrit et garde la mère.

(1) Sauf les cas exceptionnels.

Comparez deux mères : l'une, pour ne pas quitter son nouveau-né, tend la main aux passants ; elle mendie sous la neige et sous la pluie ; l'autre se lève à cinq heures du matin, porte son enfant à la Crèche et court au travail ; elle revient l'allaiter et retourne à l'ouvrage au moins deux fois dans la journée ; le soir venu, elle reprend le nourrisson, qu'elle porte dans son berceau. Quelle est celle qui fait le plus de bien à son enfant ?

Comme toutes les mères ne peuvent garder et soigner elles-mêmes leurs petits enfants, la nécessité leur créa des auxiliaires, des auxiliaires que peu à peu la charité perfectionne et s'approprie. Ainsi la *nourrice*, la *garderie*, la *maison de serrage*, sont des *auxiliaires de la maternité* (1).

Quand une journalière croit pouvoir payer les *mois de nourrice*, les *frais de voyage* et les autres dépenses accessoires, elle se résigne à voir son enfant éloigné d'elle pendant une ou deux années : il suce un lait étranger, et ses premières caresses sont pour l'étrangère. Il existe à Paris quatorze bureaux qui servent d'intermédiaires entre les familles et les *nourrices*. Chaque année, environ 17,000 enfants sont envoyés, par l'entremise de ces bureaux, à des distances plus ou moins considérables. On en expédie jusque dans Saône-et-Loire ! La mortalité, parmi ces enfants, dépasse en moyenne 45 sur 100, la première année. Dans quelques départements elle atteint 90 (2) !

Quand l'exilé revient, sa mère le place dans une *maison de serrage*, à 18 ou 20 francs par mois, ou dans une *garderie*, à 60 ou 70 centimes par journée (3), jusqu'à ce qu'il puisse être admis à la Salle d'asile.

La *maison de serrage* garde les enfants jour et nuit ; la *garderie* les rend le soir, comme la Crèche. Il existe encore dans le département de la Seine plus de 600 *garderies* ou *maisons de serrage*.

Le *secours à domicile* est une autre espèce d'auxiliaire, excellent pour les

---

(1) Le *Bureau de bienfaisance*, la *Société de charité maternelle*, l'*Association des mères de famille* et les *Sociétés protectrices de l'enfance* sont aussi des auxiliaires de la maternité.

(2) La loi du 23 décembre 1874 a sensiblement amélioré ce douloureux état de choses. Due à l'initiative de M. Théophile Roussel et votée à l'unanimité par l'Assemblée nationale, elle a prescrit la surveillance des nourrissons, que M. Firmin Marbeau avait demandée dès 1846 par une pétition à la Chambre des députés, et que les Sociétés protectrices de l'enfance avaient commencé à pratiquer en 1865, en attendant l'intervention de l'État. Mais, si la mortalité des enfants envoyés en nourrice est moins grande, le nombre de ces enfants est resté à peu près le même. En multipliant les Crèches, en donnant ainsi aux ouvrières le moyen de nourrir elles-mêmes leurs enfants sans renoncer à leur travail, on parviendra à diminuer le nombre des envois en nourrice.

(3) Les prix sont plus élevés aujourd'hui ; les garderies exigent à Paris jusqu'à 1 fr. 25 ou 1 fr. 50 par jour.

mères qui travaillent chez elles, moins bon et quelquefois mauvais pour celles dont le travail se fait au dehors : il est mauvais, quand il encourage la paresse et qu'il fait perdre à la mère l'habitude du travail. Souvent il profite au cabaret plus qu'aux enfants.

IV. — En quoi la Crèche diffère des autres auxiliaires de la maternité.

La *nourrice* ôte l'enfant à sa mère pendant une année au moins, détourne les affections et les amoindrit. Quand l'exilé revient, il ne connait point ses parents, et ils le reconnaissent à peine ; quelquefois ils doutent si c'est bien leur enfant ! — La Crèche sauvegarde les sentiments de famille avec le plus grand soin, et ne peut faire naitre aucun doute sur l'identité.

La *garderie* spécule sur l'embarras de la mère et sur la vie de l'enfant : elle fait le moins possible, et se fait payer le plus qu'elle peut. — La Crèche fait le mieux qu'elle peut et moyennant le moindre sacrifice possible de la part de la famille ; elle se préoccupe de la mère et même de la famille, tandis que la garderie ne songe qu'à bénéficier.

La *maison de sevrage* a tous les inconvénients de la garderie, et, en outre, elle sépare l'enfant de sa mère pendant plusieurs mois, et le laisse nuit et jour dans un local souvent exigu, insalubre, mal aéré, mal chauffé. — Le cubage, la ventilation et le chauffage de la Crèche sont combinés avec un très grand soin, sous la direction de bons médecins ; les fréquentes visites des dames garantissent la propreté. L'action morale de la Crèche est active et puissante ; l'action morale de la nourrice, de la garderie et de la maison de sevrage est nulle, quand elle n'est pas nuisible. Autant l'intelligence est supérieure à la matière, autant le désintéressement l'emporte sur l'égoïsme, autant le progrès utile est préférable à la routine, autant la Crèche est au-dessus de la *garderie*.

V. — Sur quelles bases doit-elle être assise ?

Les bases essentielles d'une Crèche, d'une véritable Crèche, sont l'hygiène, la moralisation, l'esprit de charité : l'hygiène, c'est-à-dire les précautions exigées pour conserver et améliorer la santé ; la moralisation, c'est-à-dire la morale pratique, hygiène des âmes.

La charité se fait *bonne d'enfants* pour aider les mères honnêtes et laborieuses à bien commencer l'éducation physique et morale de leurs nouveau-nés, afin qu'ils deviennent forts, intelligents et bons. Si l'esprit de charité abandonnait une Crèche, même la plus parfaite, elle dégénérerait en garderie, plus ou moins salubre, mais incapable d'atteindre au but moral de l'œuvre. Que si, au contraire, la charité porte son feu sacré dans la plus ignoble garderie, aussitôt la Crèche opère ses miracles.

L'hygiène profite : aux enfants, qui, cinq ou six fois par semaine, peuvent jouir, pendant quinze heures consécutives, pendant les quinze heures les plus périlleuses du jour, de tout le bien-être qu'il est possible de leur procurer ; à la mère, dont elle allège le fardeau, et à qui elle donne d'excellents exemples, d'excellents conseils (1) ; aux familles, dont elle augmente les trop faibles ressources par le travail des mères, et dont elle diminue les charges en prenant soin des petits enfants.

L'action moralisatrice de l'œuvre s'exerce d'abord sur les enfants, qu'elle initie à l'amour de Dieu, à l'amour de leurs semblables, au respect d'eux-mêmes, à la reconnaissance, au respect, aux habitudes si précieuses de l'ordre et de la régularité ; elle s'exerce sur leurs mères par les exemples et les conseils, et sur toute la famille, par l'intermédiaire des mères et même des petits enfants.

L'esprit de charité, c'est-à-dire l'amour des hommes épuré, sanctifié par l'amour de Dieu, agit, réagit et rayonne sur tout le personnel de la Crèche, sur les pauvres comme sur les riches, sur les petits comme sur les grands : lorsqu'une femme est venue pendant quelques mois porter son nouveau-né dans ce pieux asile, l'allaiter au moins deux fois chaque jour, et le reprendre tous les soirs, on s'aperçoit d'un heureux changement et dans sa tenue, et dans son langage, et dans sa conduite : lorsqu'une berceuse a servi pendant quelques semaines au contact d'une bonne directrice, religieuse ou laïque, on s'aperçoit aussi d'une amélioration qui aide à rendre la Crèche encore meilleure. Le bien se propage presque aussi facilement que le mal.

VI. — Où est-elle utile ?

La Crèche est utile dans toute commune, dans tout hâmeau, où sont plusieurs mères obligées, pour vivre, de travailler loin de leurs petits enfants.

La femme qui travaille, soit aux champs, soit à la vigne, soit dans la forêt ; l'ouvrière qui passe des journées entières au lavoir, ou dans une fabrique, ou

---

(1) Beaucoup de mères, surtout dans la classe ouvrière, ignorent l'art d'élever et de soigner un petit enfant. La Crèche les initie à l'hygiène infantile ; elle est l'*École professionnelle des mères*.

dans les rues; la femme du matelot, qui travaille dans le port ou sur le rivage, sont heureuses de pouvoir mettre leurs enfants à l'abri de tout danger et de tout besoin jusqu'au retour.

Celle qui laisse au logis son pauvre nourrisson tout seul, ou sous la garde d'un autre enfant qui devrait aller à l'école, retrouve parfois, le soir, un estropié, un agonisant ou un cadavre!

La nature veut que le nouveau-né soit gardé à vue jusqu'à ce qu'il puisse faire usage de ses organes pour écarter ce qui nuit et pour prendre ce qui est indispensable à la vie. Il a des yeux, mais il ne voit pas; il a des pieds, mais il ne marche point; il a des mains, mais il ne sait ni ne peut s'en servir; il a un organe intellectuel qui deviendra supérieur à celui des animaux les plus intelligents, mais, pendant plusieurs mois, cet organe est incapable de le servir.

Ainsi la Crèche est un besoin dans tous les pays où les femmes travaillent pour subsister; un besoin absolu dans les grands centres d'industrie, dans les ports de mer, dans les pays de manufactures.

VII. — Quelles sont ses ressources naturelles?

A côté du besoin la nature place toujours des ressources corrélatives. Les ressources naturelles d'une œuvre nécessaire, nécessaire presque dans toutes les agglomérations d'hommes civilisés, doivent se rencontrer partout: elles consistent dans les trésors de la bienfaisance et dans le travail des mères dont l'œuvre garde les enfants. Mais il est bon que celui qui prend l'initiative du secours et ceux qui l'aident sachent qu'au besoin l'autorité les assisterait. L'assistance publique doit soutenir et encourager partout les efforts de la charité privée.

Il n'est pas en France un hameau, quelque pauvre qu'on le suppose, qui ne puisse fonder et alimenter une Crèche proportionnée à ses besoins. Le plus humble végétal a sa place au banquet de la vie comme le chêne majestueux. Eh! que faut-il pour que cinq ou six petits enfants soient bien gardés au village, tandis que leurs mères sont aux champs? — Le temps et les soins d'une bonne vieille dans son logis, qu'on l'aide à tenir propre, chaud et salubre. Pourvu que M. le Maire fasse visiter la Crèche de temps en temps, et que M. le Curé ne néglige pas ses petits agneaux, ils auront toujours le nécessaire.

Utiliser une vieille bonne mère invalide au profit des petits enfants dont les mères travaillent, n'est-ce pas plus naturel que de la laisser oisive, et d'obliger ces femmes à mettre leurs enfants chez des nourrices ou aux Enfants trouvés ou de les abandonner à eux-mêmes?

VIII. — Quels sont ses moyens d'action?

La Crèche parle aux yeux, aux cœurs, à la raison.

Quand une mère, un père, un *être humain* quelconque, voient réunis sous l'aile de la Charité plusieurs petits enfants qu'elle soigne comme la mère la plus attentive et la plus tendre, ils éprouvent une vive émotion : la nature prévoyante a su entourer le nouveau-né d'un intérêt qui protège sa faiblesse, d'un attrait irrésistible aux yeux humains. Sans cette auréole qui le couvre et qui fait presque disparaître les impuretés physiques, la race humaine aurait-elle subsisté ?

L'intérêt si vif qu'inspire le petit enfant se multiplie quand ils sont plusieurs. La charité qui les soigne ajoute à cet intérêt celui qu'elle inspire elle-même. Qu'y a-t-il de plus sympathique au cœur humain que l'amour de l'humanité!

Voyez cette femme qui pour la première fois visite une Crèche; à l'aspect des berceaux où dorment paisibles quarante petits enfants, elle est touchée jusqu'aux larmes; son cœur de mère a tressailli, et sa raison lui dit qu'il faut aider ceux qui aident les pauvres mères, ceux qui prennent soin des pauvres enfants. Ces enfants, hélas! où seraient-ils, et que deviendraient-ils, si la Crèche cessait de les recevoir ?

IX. — Qui doit prendre l'initiative de la fondation?

Au pasteur incombe le soin du troupeau. Jésus dit à Pierre, et ce fut sa dernière, sa plus grande recommandation : « *Pasce agnos... pasce agnos... pasce oves.* » Le pasteur qui néglige ses agneaux et ses brebis méconnait son devoir le plus strict.

Quand le Curé néglige les petits enfants dont les mères s'éloignent pour gagner leur pain quotidien, le Maire doit prendre l'initiative.

Si le Maire néglige aussi les pauvres enfants et leurs pauvres mères, c'est aux habitants les plus humains, les plus intelligents, à s'en occuper. Mais l'association doit appeler à ses travaux le Maire et le Pasteur. Elle doit, à toute réquisition, leur faire connaître ce qu'elle fait, ce qu'elle veut faire pour adoucir les maux des mères travailleuses et pour diminuer le nombre des enfants abandonnés, estropiés, rachitiques ou idiots. Jésus a dit : « Chaque fois que vous vous réunirez en mon nom, je serai au milieu de vous. » On se réunit en son nom lorsque l'association a pour but le soulagement des pauvres, et surtout des brebis malheureuses et de leurs innocents petits agneaux.

Il n'est pas indispensable d'être riche ou puissant dans la localité pour y prendre l'initiative d'une œuvre charitable. Il suffit de jouir de la confiance publique, d'être convaincu de la nécessité de l'œuvre, et d'être mû par l'esprit de charité.

Une œuvre, quand elle est vraiment nécessaire, et quand celui qui l'entreprend est digne de la poursuivre, ne peut manquer de réussir.

La Crèche peut être fondée, soit par une personne charitable, soit par une association de charité, soit par le pasteur, par la municipalité ou par le bureau de bienfaisance (1); mais, quel qu'en soit le fondateur, elle se trouve, par sa nature, sous la haute surveillance de la municipalité et de l'autorité religieuse : il importe à la commune que ses nouveaux membres soient bien soignés; il importe au pasteur que ses agneaux ne manquent de rien.

X. — Vérifications préalables.

Avant d'organiser une Crèche, il faut s'assurer qu'elle est nécessaire, et, pour s'en assurer, il faut se rendre compte des besoins véritables de la population qu'elle assisterait.

Y a-t-il, dans un rayon de 1,000 pas environ, au moins six mères honnêtes et laborieuses qui, pour gagner leur pain, soient forcées de travailler loin de leurs petits enfants?

Il ne faut pas compter celles qui peuvent confier leurs enfants à une grand'mère, à une parente, à une voisine, voulant et pouvant les garder et les

---

(1) Il n'est pas d'œuvre qui convienne mieux à la charité pieuse que la Crèche; et si l'Assistance publique voulait en fonder, elle ne parviendrait à les faire bien diriger qu'avec le concours de dames charitables. (*Note de la 1re édition*.)

La charité privée se prête mieux que l'action administrative aux soins et aux détails minutieux qu'exigent la surveillance et la direction d'une Crèche. L'intervention de l'autorité publique doit ici consister surtout à encourager et à aider l'initiative individuelle, soit en fournissant le local, qui est toujours le plus grand obstacle à la création d'une Crèche, soit en promettant, au besoin, des subventions. Lorsqu'une ville veut créer une Crèche, elle est mieux inspirée si, au lieu d'organiser un établissement municipal, elle provoque la constitution d'une œuvre privée qui, d'accord avec elle et soutenue par elle, aura cependant assez de liberté d'action pour que chacun des souscripteurs, chacune des dames patronnesses, chacun des médecins puisse, en parlant de l'œuvre, dire : *Ma crèche*. Les dons, les visites, les dévouements, seront obtenus ainsi plus sûrement que s'il s'agissait d'une institution appartenant à la ville ou au bureau de bienfaisance.

Le Ministère de l'Intérieur (circulaire du 3 mars 1883) et la Préfecture de la Seine (circulaire du 29 août 1885) sont d'accord sur ce point.

soigner en leur absence; mais il faut compter même celles qui, ayant assez de lait, envoient leurs nouveau-nés en nourrice, ou qui les mettent en sevrage loin de leur habitation.

Quand on a fait le relevé approximatif des familles qui auraient besoin de recourir à la Crèche, on voit si l'établissement est nécessaire, et combien de places il doit mettre à la disposition des enfants. S'il y a douze enfants au-dessous de trois ans, et qui se trouvent dans les conditions d'admission, il faut au moins neuf places; mais il n'en faut pas plus de douze : il manquera toujours quelques élèves à l'appel.

Quand le nombre des places est insuffisant, la Crèche est dans une cruelle alternative : elle refuse des enfants qui auraient besoin de ses bienfaits, ou en reçoit plus qu'il ne faut.

Si le nombre des places est supérieur aux besoins de la population, il y a des berceaux vides, qui, sans nécessité, ôtent l'espace, vicient l'air, et l'établissement paraît triste, parce qu'il est désert.

La meilleure combinaison est celle qui permet d'ajouter, au besoin, quelques berceaux, qu'on enlève quand ils cessent d'être habituellement occupés.

Quand on est bien certain que la Crèche est nécessaire, quand on sait quel nombre de places elle doit avoir, il faut, avant d'aller plus loin, voir où on pourra l'installer, comment on pourra la munir de tous les ustensiles dont elle aura besoin, et comment on pourvoira aux frais d'installation. Il faut examiner aussi par quelles femmes on pourra faire garder et soigner les enfants ; par qui ces femmes seront surveillées ; de quelles personnes enfin l'on pourra composer le Conseil d'administration. *Pas de Crèche sans dames; pas de Crèche sans médecin.*

Il ne faut pas risquer d'ouvrir un établissement qui pourrait avorter ou nuire faute de réunir toutes les conditions essentielles à son existence : la charité intelligente n'entreprend que ce qu'elle peut soutenir; elle compte sur la Providence, mais avec discrétion.

Il ne faut pas attendre, pour fonder une œuvre nécessaire, qu'on ait réuni à l'avance toutes les ressources qu'elle exigera indéfiniment : la charité donne plus volontiers pour une œuvre qui fait le bien que pour celle qui promet de le faire.

Il ne faut pas thésauriser : la charité devient moins active quand elle a des ressources assurées pour longtemps, et la Crèche veut une charité toujours active.

XI. — Organisation de l'Œuvre.

Quand on est parvenu à réunir les fonds nécessaires pour organiser la Crèche et pour subvenir à ses premiers besoins pendant quelques mois, on peut hardiment arrêter le local, acheter le mobilier, faire choix des berceuses, et s'occuper d'organiser la direction.

On provoque une réunion chez M. le Maire, ou chez M. le Curé, ou chez l'une des personnes les plus vénérées de la localité. On y apporte les documents qui prouvent la nécessité de la Crèche et la possibilité de la créer, de la soutenir, de la faire bien administrer; et, séance tenante, on peut organiser un Conseil d'administration qui reste chargé de préparer tout ce qu'il faut. On prie le Maire ou le Curé d'accepter l'un la présidence, l'autre la présidence honoraire du Conseil. On désigne la présidente et la trésorière de la Crèche, le médecin ou les médecins qui la visiteront.

Le Conseil d'administration peut adopter provisoirement les *Statuts* et *Règlements* dont le *Manuel* contient les modèles, sauf à y faire ultérieurement les modifications reconnues utiles (1).

Le médecin ou les médecins doivent être consultés sur le choix et la disposition du local, ainsi que sur tout ce qui intéresse l'hygiène.

XII. — Autorisations préalables.

Dès qu'un local a été choisi, les personnes qui ont pris l'initiative, ou celles que le Conseil d'administration a chargées de l'organisation, adressent une demande au Préfet. On a soin de faire connaître la situation et les dimensions du local, et les éléments de succès de l'entreprise.

Le Préfet, après vérification, détermine le nombre d'enfants que l'établissement pourra réunir, et prescrit, s'il y a lieu, les changements à faire au local dans l'intérêt des enfants et de l'œuvre (2).

---

(1) Lorsque les fondateurs disposent de fonds suffisants pour construire ou pour acheter un local, ils peuvent constituer entre eux une *Société civile*, qui devient propriétaire de l'immeuble, et qui le met, gratuitement ou moyennant un loyer, à la disposition de l'œuvre de bienfaisance. Ils évitent ainsi quelques-unes des difficultés que rencontrent pour leur gestion les œuvres qui ne sont pas pourvues de la personnalité civile et du droit de posséder des immeubles en leur nom.

(2) La Crèche ne peut être transférée dans un autre local sans une nouvelle autorisation préfectorale.

A Paris et dans tout le ressort de la Préfecture de police, l'inspection est faite avec un très grand soin (1). Nous nous plaisons à reconnaître que les prescriptions de M. le Préfet de police ont toujours été sages, paternelles, et, par conséquent, utiles aux Crèches.

Il est convenable d'obtenir aussi l'agrément de l'autorité diocésaine : une œuvre de ce genre ne peut réussir qu'à la condition d'inspirer une entière confiance aux pauvres qu'elle aide et aux riches qui la soutiennent.

XIII. — Ouverture de la Crèche.

Quand tout est prêt, quand il ne manque plus rien à l'établissement pour que les enfants y soient bien et que leurs mères puissent les lui confier sans inquiétude, il faut encore une précaution indispensable : il faut, par des prières solennelles, attirer sur l'œuvre les bénédictions du ciel.

On procède à l'inauguration. Le jour de la bénédiction de la Crèche n'est pas indifférent : on choisit de préférence le jour de la fête patronale de la paroisse, si l'on peut attendre jusque-là, et l'on donne à la Crèche le nom du saint patron.

Le Conseil d'administration invite non seulement les fondateurs et bienfaiteurs de la Crèche, mais encore toutes les personnes des environs que leur fortune met en position d'aider à l'amélioration du sort des familles ouvrières. Il invite aussi les pauvres mères qu'il sait avoir besoin du nouvel auxiliaire que la charité leur offre.

Cette solennité pieuse et touchante attire des sympathies et des ressources à l'établissement, fait connaître son existence, et sert d'occasion pour en expliquer le but et les effets.

Il est bon que le maire ou un de ses adjoints prononce quelques paroles d'encouragement pour les personnes qui vouent leur temps, leurs soins, leurs offrandes à la Crèche ; il est bon aussi que le pasteur fasse entendre sa voix.

Quelquefois la poésie vient chanter les bienfaits, les miracles de la charité (2) ; quelquefois la musique ajoute ses accords mélodieux à la voix du poète.

Le président ou l'un des membres du Conseil d'administration de l'œuvre annonce à partir de quel jour la Crèche commencera à garder les petits enfants.

---

(1) La surveillance des Crèches du département de la Seine est, depuis le 1er juillet 1880, confiée aux médecins-inspecteurs de la protection du premier âge. Le département est divisé en dix-huit circonscriptions. Chaque Crèche doit être visitée au moins une fois par mois par le médecin de la circonscription dans laquelle elle est placée.

(2) La *charité* s'exerce envers tous nos semblables : il ne faut pas la confondre avec l'*aumône*.

Si l'établissement change de local, on a soin de le faire bénir de nouveau avec la même solennité.

Il est utile, suivant la localité, de faire imprimer le compte rendu de la séance d'inauguration, et d'en envoyer un exemplaire à chacun des fondateurs et des bienfaiteurs. On met à la suite les noms des membres du Conseil d'administration, ceux des dames qui dirigent ou inspectent la Crèche, ceux des médecins qui la visitent. Cette petite brochure peut être vendue ou donnée au profit de l'œuvre, et les exemplaires donnés sont presque toujours les plus fructueux.

La *Société des Crèches* fait volontiers les frais de ces publications dans le département de la Seine, afin d'exonérer la Crèche d'une dépense qui est en dehors des besoins ordinaires de l'établissement.

XIV. — Précautions à prendre les premiers jours.

L'expérience nous a appris que la Crèche, même la plus indispensable, a toujours peu d'enfants lorsqu'elle vient d'être ouverte, soit que les habitudes locales résistent au progrès, soit que les pauvres mères aient déjà pris leurs arrangements ; et il est heureux que le petit nombre d'enfants lui permette de se préparer à les bien soigner, car la prévoyance humaine est toujours en défaut sur quelques points : on s'aperçoit que telle chose manque ou que telle autre est défectueuse ; on s'aperçoit que telle femme que, sur son apparence ou sur les recommandations de personnes charitables, on avait crue excellente berceuse, n'est point apte aux soins maternels ; on découvre certains défauts, soit au chauffage, soit à la ventilation, soit à d'autres choses essentielles à l'hygiène de la Crèche ou à sa bonne tenue.

Pendant quelques jours il faut étudier attentivement le service pour se rendre compte de ce qui est bien, de ce qui est mal, de ce qui peut être amélioré. On interroge les mères, les berceuses, la surveillante, les médecins, les dames inspectrices ; on écoute les observations des visiteurs, etc. Pendant que la Crèche est encore peu fréquentée, on y opère les changements que les faits réclament et que le bon sens approuve. Il y a des choses qu'on ne peut juger qu'après les avoir vues en action plusieurs fois.

Ce qui importe, c'est d'introduire dès le principe les bonnes habitudes, et de n'en laisser enraciner aucune mauvaise. Nous avons vu des Crèches obligées de suspendre leurs bienfaits pendant quelques semaines pour se réorganiser, et pour renouveler entièrement le personnel du service : il n'y avait pas d'autre moyen de détruire certains abus invétérés.

Le Conseil d'administration doit se faire rendre compte, après la première ou la seconde semaine, de tout ce qui s'est fait, pour juger de ce qui reste à faire. La directrice fait son rapport et ses observations; chacun des membres du Conseil fait part aussi de ses remarques, et le Conseil délibère en connaissance de cause. Dans cette réunion peuvent être adoptées *provisoirement* les modifications à faire au règlement, et l'on charge une commission de proposer à une réunion plus éloignée un projet de règlement définitif sur toutes les parties du service.

Quand les règlements, bien médités, bien discutés, ont été définitivement adoptés, il ne faut plus y toucher qu'avec une extrême réserve : les bonnes lois se fortifient en vieillissant.

XV. — Comment on peut attirer les enfants à la Crèche.

Si le nombre des enfants admis à la Crèche est inférieur de beaucoup à celui qu'on avait supposé, il faut chercher avec soin l'explication du phénomène. On s'informe auprès des mères qui paraissent avoir besoin de l'œuvre pourquoi elles n'en profitent pas; on interroge celles qui apportent leurs enfants; on interroge aussi les berceuses; on demande aux dames de charité de la paroisse et aux autres personnes qui ont des rapports habituels avec les ouvrières à quoi elles attribuent les abstentions, et l'on finit par en découvrir les causes : presque toujours la malveillance fournit aux mères ignorantes les motifs qui les décident à laisser leurs enfants souffrir au lieu de les faire profiter du bien-être que procure la Crèche. La malveillance a plus de crédit que la charité, quand la routine est de son bord. Tantôt c'est une *gardeuse* ou une *sevreuse* qui, mécontente de voir la charité lui faire concurrence, dénigre l'établissement; tantôt une *berceuse* renvoyée qui se venge (1). On a vu des médecins, jaloux de ceux que l'œuvre avait honorés de sa confiance, abuser de la crédulité et de la défiance naturelle aux mères pour empêcher la réussite de la Crèche... Que de temps, que d'efforts, que de sacrifices, n'a-t-il pas fallu pour décider les mères pauvres à préserver leurs enfants d'un mal affreux au moyen de la vaccine!

Une Crèche bien tenue répond à tout en deux mots : « Venez voir. » Plus elle est visitée, mieux elle est pourvue d'enfants et de ressources. Mais il est bon que

(1) Le meilleur moyen de rassurer la tendresse des mères et de dissiper leurs préventions, c'est de leur permettre toujours d'entrer dans la Crèche, de déposer elles-mêmes et de prendre leur enfant dans son berceau. Les mères ont le droit comme le devoir de s'assurer que leur enfant est bien soigné. Les parquer dans une salle d'allaitement qu'on leur interdit de franchir, c'est leur faire supposer que la Crèche veut leur cacher quelques défauts de soins.

les dames de charité, que les administrateurs du bureau de bienfaisance, que les membres du conseil municipal, recommandent aux mères laborieuses de lui confier leurs enfants lorsqu'elles vont travailler loin d'eux; il est bon surtout que le pasteur explique l'œuvre en chaire et engage ses brebis à en profiter.

XVI. — Quelles choses sont essentielles à l'établissement.

Il faut indispensablement à la Crèche : 1° un local approprié aux besoins de l'œuvre; 2° un mobilier convenable; 3° des femmes qui gardent et soignent les enfants; 4° une surveillance bien combinée; 5° un ou plusieurs médecins; 6° une bonne direction; 7° un contrôle suffisant; 8° des ressources proportionnées aux besoins de l'établissement; 9° le plus grand ordre et la plus grande propreté possibles :

Et, pour que tout marche bien sans interruption, il faut aussi : 10° de bons statuts; 11° de bons règlements; 12° enfin des registres bien tenus.

Le *local* doit être le plus près possible de la Salle d'asile, afin de ménager le temps et les forces des pauvres mères; le plus près possible de la *maison de secours*, et, s'il se peut, dans cette maison même, sous la garde des Sœurs qui se dévouent au service des pauvres.

Le *mobilier* doit être modeste et réduit au strict nécessaire, pour épargner les ressources de l'œuvre, et pour ne pas diminuer l'espace destiné aux enfants, ni la quantité d'air qui leur est nécessaire.

Les *berceuses* doivent être choisies, autant que possible, parmi les femmes qui ont élevé des enfants; elles doivent être bien dressées et surveillées constamment. Les dames voient si leur conduite et leur tenue sont convenables; le médecin observe leur état sanitaire dans l'intérêt des enfants.

La *directrice* doit avoir autorité sur elles; mais elle doit être docile aux prescriptions du médecin, aux volontés de la présidente, aux observations des inspectrices.

Les prescriptions du *médecin* font loi pour tout ce qui regarde l'hygiène de la Crèche et la santé des enfants.

La Crèche doit être dirigée par une seule dame. *Sans unité, point de bonne direction.* Mais le contrôle peut être multiple, et, plus il y a de personnes qui l'exercent dans la Crèche, moins il y a d'accidents ou d'abus (1).

---

(1) Il importe de désigner parmi les dames de l'Œuvre l'une d'elles, soit la présidente, soit la trésorière, soit toute autre, qui seule donnera des ordres et qui aura la responsabilité de la direction. Les autres dames lui communiqueront leurs observations ou les présenteront au comité, mais elles s'abstiendront de donner directement des ordres qui pourraient être en contradiction avec ses instructions.

Si l'œuvre n'a pas assez de *ressources* pour marcher grandement, elle doit se restreindre ; si elle n'en a pas assez même en recevant peu d'enfants, il vaut mieux qu'elle s'arrête que de ne pas faire bien le peu qu'elle fait.

L'*ordre* est de première nécessité dans un établissement qui s'occupe d'êtres si faibles et si fragiles : une simple négligence pourrait compromettre la santé, la vie des enfants.

Une Crèche malpropre serait infecte et ne mériterait pas le nom de Crèche. La pureté doit présider à tout dans une œuvre sainte.

Les *statuts* et les *règlements* doivent être concis et clairs. Les règlements doivent être affichés dans la Crèche.

Les *registres* doivent être à la disposition du public, afin qu'il puisse toujours voir à quoi l'œuvre emploie l'argent qu'il lui donne.

DEUXIÈME PARTIE

MOYENS D'AIDER LES OUVRIÈRES A BIEN COMMENCER L'ÉDUCATION.

I. — Local et Mobilier.

DU LOCAL. — On place la Crèche le plus près possible du centre de la population qui doit en profiter, afin de ménager les forces et le temps des mères ; on choisit un lieu dont l'accès ne soit ni périlleux ni difficile ; on tâche de la mettre entre cour et jardin, pour qu'elle ait un air plus pur.

On évite l'exposition du nord : il faut du soleil aux enfants. Mais, s'il y a façade au nord, façade au sud, la Crèche, pouvant être abritée l'hiver contre le froid et l'été contre la chaleur, se trouve dans de bonnes conditions atmosphériques.

On peut établir une Crèche au rez-de-chaussée, pourvu que la salle des enfants soit placée au-dessus d'une cave ou élevée de plusieurs marches au-dessus du sol et planchéiée (1) : les mères n'ont pas la peine de monter et descendre ; le service est plus facile, moins dispendieux, la surveillance plus commode et plus exacte. Mais il faut de grandes précautions, soit pour éviter l'humidité, soit pour que l'air soit toujours pur ; les berceaux, par exemple, doivent être, au rez-de-chaussée, plus éloignés du sol qu'aux étages supérieurs.

On peut établir la Crèche au second étage, et même au-dessus : plus on monte, plus l'air est salubre. Mais la journalière qui vient de loin, portant sur les bras un ou deux enfants, monte péniblement un escalier, et le service des berceuses est plus dur, l'inspection des dames et des médecins plus difficile.

Ainsi le premier étage convient mieux.

On doit placer la Crèche dans le voisinage de la Salle d'asile, afin d'éviter une double corvée à la mère qui a plusieurs enfants, et de faciliter l'inspection des

---

(1) Lorsqu'il n'existe pas de caves sous la Crèche, il est utile que le sol soit surmonté d'une couche épaisse de mâchefer, séparée elle-même du plancher par un espace libre dans lequel l'air puisse circuler.

deux établissements. Une Salle d'asile n'est bien qu'au rez-de-chaussée, parce qu'elle a besoin d'un jardin ou préau dans lequel les enfants jouent, courent et sautent au grand air. Elle exige un local beaucoup plus vaste que la Crèche. Au-dessus de ce local on ne peut guère placer qu'une Crèche, et on peut l'y placer à peu de frais. La proximité de ces deux établissements a l'avantage d'économiser un loyer et des frais d'entretien du bâtiment; elle ne présente d'ailleurs aucun inconvénient.

La place naturelle de la Crèche est donc au-dessus de la Salle d'asile.

L'extérieur de la Crèche doit être simple, mais d'une grande propreté : la croix du Sauveur est son unique ornement. Sous la croix on inscrit le nom de l'établissement.

Quand il fait nuit à l'heure de l'arrivée ou du départ des enfants, on a soin de tenir l'entrée éclairée, ainsi que l'escalier, pour éviter les chutes. L'escalier doit être muni de main courante.

La *salle des enfants* doit avoir au moins trois mètres vingt centimètres de hauteur, et chaque enfant doit y trouver environ huit mètres cubes d'espace. Ainsi, dans une pièce qui a cinq mètres de long sur quatre de large et quatre de haut, c'est-à-dire un cubage total de quatre-vingts mètres, il ne faut pas réunir plus de dix enfants. On met un petit vestibule à l'entrée, pour ménager la transition de l'air.

Le sol doit être planchéié, ou couvert de tapis ou de nattes bien propres (1), murs badigeonnés ou peints à l'huile, toujours en couleur claire (2).

Le plafond, les murs et le sol doivent être tenus dans une grande propreté.

Les fenêtres doivent être spacieuses, afin que l'air n'entre point par d'étroits courants. Elles doivent être munies de ventilateurs et de volets, persiennes ou jalousies.

Il ne doit y avoir dans la salle ni fleurs, ni rien qui puisse altérer l'air; mais il est bon de mettre en dehors des fenêtres, dans la belle saison, des plantes grimpantes, qui procurent ombrage et fraîcheur.

On ne laisse dans la salle des enfants aucun meuble inutile, pour ne pas diminuer l'espace, ni la quantité d'air qu'elle contient.

Dans les temps froids, on maintient la température à 12° centigrades au moins, et on a soin de laisser tomber un peu la chaleur au moment où les mères viennent reprendre leurs enfants. On adopte, pour chauffer la salle, le système qui procure le plus de chaleur à moins de frais et en assainissant le plus possible

(1) Le *linoleum* a l'avantage d'être facile à tenir propre.

(2) Il est utile d'éviter dans les plafonds et dans les coins la forme angulaire. La forme cintrée est beaucoup préférable; elle est plus facile à nettoyer et elle ne retient pas les miasmes.

On se sert généralement de calorifères ou de poêles, qu'on alimente d'air extérieur au moyen de ventouses. On entoure le poêle d'une grille. On met sur le poêle un bain de sable qui sert à tenir les boissons chaudes. On ne met pas de berceau près du poêle.

On combine la ventilation de telle sorte qu'elle introduise sans cesse, quand les croisées sont fermées, une quantité d'air pur égale à la quantité viciée par la respiration des enfants et par toutes les émanations de la salle elle-même. Quand le foyer de chaleur est alimenté par une ventouse, il faut ajouter à cet excellent ventilateur, qui transforme l'air froid en air chaud, sans le vicier, d'autres ventilateurs qui donnent un peu d'air froid.

On met les ventilateurs dans la partie supérieure des croisées, et, au moyen d'un vasistas à soufflet, l'air extérieur, arrivant au plafond, ne peut gêner les enfants.

Le vasistas à soufflet est établi de manière à s'ouvrir plus ou moins et à se fermer à volonté.

Dans une salle de la dimension indiquée plus haut, deux ventilateurs suffisent, même quand on ne pourrait pas les placer en face l'un de l'autre, c'est-à-dire que la quantité d'air introduite par deux trous d'environ quinze centimètres de côté suffit pour donner une aération salubre.

Dans les cas extraordinaires, il faut avoir recours bien vite à une ventilation extraordinaire : on ouvre la croisée un instant, et on la referme dès que l'odeur a disparu.

Il ne faut jamais faire sécher le linge dans la salle, ni y rien laisser qui puisse vicier l'air : une salle bien propre et suffisamment ventilée ne doit pas avoir de mauvaise odeur.

Si l'on peut avoir [illegible]alles pour les enfants, l'une pour le sommeil et l'autre *pour les jeux*, [illegible]eil est plus tranquille et les jeux plus libres (1). Si l'on peut avoir un *cabinet de toilette* pour les enfants, la Crèche est plus propre et plus salubre. Si l'on peut avoir près de la Crèche un *logis pour la directrice* ou pour la berceuse chargée d'ouvrir l'établissement le matin et de le fermer le soir, le service y gagne beaucoup. Si l'on peut avoir une *salle d'allaitement* séparée, les mères nourrices y sont plus à l'aise que dans la salle des berceaux ; mais il est toujours bon que la mère vienne prendre son enfant

---

(1) Quand il n'y a qu'une salle, il est bon, si elle est assez grande, de la diviser en deux parties par une barrière en menuiserie d'un mètre de hauteur, réservant l'une des parties pour les berceaux, l'autre pour les jeux. Il est utile aussi d'établir, au-dessus de la barrière, des rideaux qui permettent d'isoler les enfants qui dorment et d'aérer séparément, au besoin, chacune des deux parties de la salle.

Voir à la fin du *Manuel* des plans de Crèches avec une salle et avec deux salles

elle-même dans son berceau, et qu'elle voie de ses propres yeux comment il est soigné : les mères sont inspectrices-nées de la Crèche en ce qui touche leurs enfants (1).

Il faut, non loin de la salle des enfants, et, autant que possible, de plain-pied, un *promenoir*, c'est-à-dire un endroit où ils puissent jouir de l'air extérieur et du soleil, quand la température le permet, et où les moins jeunes puissent marcher et jouer. Quand la salle est au rez-de-chaussée, on a un petit jardin ou une cour sablée. Plusieurs Crèches ont fait bitumer un petit espace, afin que l'eau pluviale sèche plus vite. Quand il n'y a pas de jardin ni de cour, on fait, à peu de frais, un balcon ou une terrasse en bois. En été, on couvre le *promenoir* d'une tente mobile, et l'on y met des bancs : les enfants marchent ou se reposent à volonté, sans inconvénient.

En dehors de la salle doit être le *cabinet d'aisances* placé de manière à ne pas envoyer d'odeur à la Crèche (2).

La *cuisine* peut être aussi petite que celle d'un navire ; il suffit qu'elle contienne les ustensiles nécessaires à l'alimentation des enfants.

Il importe au service, à l'économie, à la surveillance, que toutes ces pièces soient au même étage.

Il faut encore à la Crèche un *séchoir*, une *lingerie*, un *vestiaire*, un *bûcher* ; mais tout cela peut être placé au-dessus ou au-dessous.

Comme il ne faut dans la salle des enfants rien qui puisse en vicier l'air, on se procure une pièce bien aérée, pour faire sécher le linge, les couvertures, les paillassons, etc. La chaleur de la cuisine ou le tuyau de poêle de la Crèche aident quelquefois à chauffer le *séchoir*.

C'est dans le *séchoir* qu'on met baignoires, balais, bouteilles de grès, et autres choses gênantes.

La *lingerie* peut consister dans de simples armoires où sont rangés le linge blanc, les couvertures, etc., et dans des coffres où est enfermé le linge qui a servi, en attendant qu'il soit reblanchi.

Quelques portemanteaux numérotés ou de simples clous à crochet pour suspendre les vêtements des enfants, voilà le *vestiaire*.

---

(1) La salle d'allaitement doit autant que possible avoir vue sur la Crèche, au moins par un vitrage.

(2) Il faut au moins cinq ou six lunettes pour vingt enfants.

Il est utile que le plancher des water-closets soit bitumé ou en ciment de Portland.

Autant que possible les water-closets doivent être en communication directe avec une fosse et traversés par un courant d'eau à écoulement continu ou alimenté par un robinet. Lorsque cette disposition n'est pas possible, on place des vases en *faïence* sous une planche peinte ou cirée.

Faut-il une *infirmerie?* — Non, la Crèche ne garde pas de malades. Quand un enfant est atteint subitement de maladie, on s'empresse de le renvoyer à ses parents, et, par provision, de l'éloigner des autres. Un berceau de précaution dans une des pièces voisines de la grande salle est nécessaire pour le cas de convulsions.

Faut-il une *pharmacie?* — Oui, une petite armoire dans laquelle sont quelques médicaments pour les cas urgents. La directrice en conserve la clef; mais aucun médicament n'est administré sans ordre du médecin.

Du mobilier. — La Crèche doit être pourvue de tous les meubles et ustensiles nécessaires au bien-être des enfants et à leur service; mais il ne faut rien de plus, rien surtout qui puisse diminuer l'espace ou l'air de la salle. Il faut que tout soit en bonne qualité et bien entretenu; mais on doit éviter avec le même soin tout luxe et toute lésinerie. L'ordre et l'économie doivent présider à l'organisation de l'œuvre comme à sa direction.

Il faut des *berceaux* pour les nouveau-nés; mais le *couchoir* ou *lit de camp* suffit aux enfants sevrés, parce qu'ils restent moins longtemps couchés (1).

La forme du *berceau* n'a point d'importance; on choisit la plus commode, celle qu'on se procure le plus facilement dans la localité. Ce qui importe, c'est que l'enfant y soit couché proprement, sainement, à l'abri des courants d'air, et de telle sorte que ses yeux soient tournés vers le jour. Il faut aussi que l'enfant ne puisse tomber, quand il fait des mouvements, ni se blesser.

Le berceau ne doit pas être fixé dans le mur ni au sol; le service est plus facile quand le berceau peut changer de place à volonté (2).

On laisse environ cinquante centimètres de distance entre les berceaux.

La garniture du berceau se compose de deux paillassons en toile et d'un oreiller en coutil rempli de varech (3), une taie d'oreiller, une couverture en laine pour l'hiver et une en coton pour l'été, des rideaux (4) et un fond de ber-

---

(1) Les *berceaux* et les *couchoirs* doivent de préférence être en fer, et non en bois ou en *osier*; il est plus facile de les tenir propres.

(2) Dans certaines Crèches on a des berceaux à roulettes formant de petites voitures que l'on roule sur la terrasse ou dans le jardin pour faire prendre l'air aux enfants quand le temps le permet.

(3) La fougère est préférable pour les enfants héréditairement prédisposés aux affections lymphatiques ou scrofuleuses. Il est toujours bon d'avoir quelques berceaux garnis en fougère.

La balle d'avoine a l'inconvénient de conserver la vermine.

(4) Beaucoup de médecins préfèrent que les berceaux n'aient pas de rideaux. Quand il y en a, ils ne doivent pas être tenus fermés (voir p. 41).

ceau (1). Dans les pays chauds, on met un moustiquaire en gaze pour garantir l'enfant des mouches, des guêpes et des cousins.

Dans une Crèche de vingt enfants, on peut n'avoir que douze ou quinze berceaux et un ou deux *couchoirs* ou *lits de camp* à compartiments.

Le fond du couchoir doit être sanglé, et assez élevé au-dessus du sol pour que l'air y circule. On donne à la partie sur laquelle est la tête de l'enfant dix centimètres environ de hauteur plus que n'en a la partie sur laquelle sont les pieds.

Dans les Crèches où sont réunis beaucoup de nouveau-nés, on place dans la salle un *grand matelas* à double plan incliné et recouvert d'une toile qui se lave souvent. Là on peut mettre, étendus, les petits enfants qui s'ennuient dans leurs berceaux.

Pour les enfants qui marchent et pour ceux qui commencent à marcher, on fait une espèce de petit *parc* circulaire ou à coins arrondis ; c'est là que ces enfants jouent, c'est là qu'ils mangent, c'est là qu'ils apprennent à marcher, c'est là qu'ils passent leur temps, quand ils ne peuvent aller au promenoir ; quelquefois même on transporte le petit *parc* au jardin.

Un banc règne autour du *parc*. On place au milieu la *table à manger*, qui sert aussi de *table à joujoux*.

La *pouponnière* est un *parc* perfectionné inventé par M. Jules Delbrück.

Deux ou trois *fauteuils à bras* suffisent pour les enfants qui ne peuvent encore se tenir sur les bancs.

On met dans la salle des enfants une table de service, un berceau, quelques chaises, un tronc, un Christ, un bénitier, un thermomètre. On peut y mettre la pharmacie et quelques cadres, dans lesquels sont le *règlement de la Crèche*, les noms des bienfaiteurs, etc. ; on peut même y placer les cuvettes, les éponges, les biberons (2).

---

(1) Il est utile de placer, sous l'enfant, un *feutre absorbant* afin que ses paillassons ne soient jamais mouillés. On met sécher le feutre quand il est mouillé, et chaque semaine on le nettoie à fond en le brossant avec du savon noir.

La *toile cirée* et le *caoutchouc*, qui conservent l'eau sous l'enfant et forment un bain, doivent être proscrits.

(2) L'emploi des biberons exige la propreté la plus scrupuleuse.

Les biberons les plus simples sont préférables parce qu'ils sont plus faciles à nettoyer.

Ceux qui ont un long tube en caoutchouc sont difficilement tenus propres et deviennent vite un danger par la fermentation des molécules qui y restent adhérentes; *ils doivent être absolument proscrits.*

Ils ont encore un autre inconvénient, grave, quoique moins sérieux : leur construction permet de les placer dans le berceau et d'abandonner ensuite à lui-même l'enfant qui,

Les ustensiles de cuisine et tout ce qui est nécessaire pour donner à manger aux enfants doivent être simples, mais tenus avec une excessive propreté.

Il faut une baignoire pour les grands ; une, pour les petits ; il faut aussi des pelisses qu'on puisse, au besoin, prêter aux mères pour couvrir leurs enfants dans le trajet ; il faut enfin du linge, des lampes, des chandeliers, des bouteilles de grès pour réchauffer les pieds des enfants lorsqu'il y a nécessité ; quelques joujoux pour amuser les enfants. On évite les joujoux peints et tous ceux qui pourraient blesser.

On proscrit l'usage des petits chariots et des autres instruments qui pourraient nuire au développement régulier du corps ou des membres de l'enfant. Mais pour donner aux enfants qui ne marchent pas encore ce que les médecins appellent le *mouvement communiqué*, on a un chariot léger de six places, auquel on attelle trois grands, et qui est poussé par trois autres. Cette gymnastique est aussi utile qu'agréable *à tous* les enfants.

Un coucou (pendule), chantant toutes les demi-heures, amuse les enfants et les initie à la connaissance des heures.

Costumes. — Il est utile d'avoir des costumes pour les berceuses et pour les enfants : c'est une dépense insignifiante, qui donne à l'établissement un air de propreté, une apparence d'ordre, favorable à sa bonne tenue.

Uniforme des berceuses : Bonnet rond, fichu blanc, robe bleue, tablier blanc à bavette, bouts de manches blancs, tablier ciré.

Uniforme des enfants : Bonnet et blouse en toile rose ou bleue, tablier blanc pour l'été, et de couleur pour l'hiver.

Des registres. — Il faut d'abord un registre sur lequel on inscrit les enfants admis. On a soin de numéroter les admissions, et alors il est toujours facile de voir combien d'enfants ont été admis chaque année ; combien, depuis que la Crèche existe.

Un second registre constate les présences et les absences des enfants. Au commencement de chaque mois on y inscrit les noms de tous les enfants qui fréquentent la Crèche. A gauche de chaque nom est un numéro ; à droite sont des cases aussi nombreuses qu'il y a de jours dans le mois ; en tête de chaque case on met le quantième du mois. A mesure que les enfants arrivent, la Directrice met une croix à chaque nom dans la *case du jour*. Le

---

à son gré, boit ou ne boit pas, et qui souvent aspire encore à vide quand il n'y a plus de lait. Tout cela est mauvais pour l'enfant. Il faut que la berceuse lui donne à boire à des heures réglées, le prenne sur ses genoux pendant qu'il boit et le replace ensuite dans son berceau ; l'enfant doit boire au biberon comme il le ferait au sein de sa mère.

nombre des croix indique le nombre d'enfants présents. Ce registre fait contrôle pour la rétribution maternelle et pour les frais de nourriture.

Sur un troisième registre, qui contrôle le second, et qu'on appelle registre d'inspection, les dames et les autres membres de l'œuvre qui visitent la Crèche constatent le jour et l'heure de leur visite, le nombre des enfants présents, et si tout est en ordre.

Les médecins ont un registre à part sur lequel ils inscrivent leurs observations et prescriptions.

Il est bon d'avoir un registre pour les simples visiteurs ; on y trouve quelquefois des critiques ou des conseils utiles, ou des éloges qui encouragent l'œuvre. Les berceuses, qui savent que le public a droit de surveillance, se tiennent mieux sur leurs gardes.

Il faut enfin le registre des recettes et des dépenses.

Il est bon que ces registres soient mis à la disposition des membres de l'œuvre et même des visiteurs.

Dans les petites Crèches on peut n'avoir qu'un seul registre divisé en six parties.

Inventaire du mobilier. — L'inventaire de la Crèche doit comprendre tous les meubles et tous les objets dont elle fait usage et qui lui appartiennent, même ceux qui seraient incorporés momentanément à l'immeuble, comme le calorifère, le balcon, les jalousies, etc.

Cet inventaire est indispensable à la conservation des choses qui sont la propriété de la Crèche, et fort utile, d'ailleurs, pour savoir à chaque instant ce qui manque et ce qu'il faut demander, soit au Conseil d'administration, soit à la charité.

Les changements qui surviennent dans le matériel sont notés soigneusement sur l'inventaire.

A la fin de chaque année, au moment du règlement des comptes, on fait une vérification générale, sans préjudice du récolement qui a lieu quand on change de directrice, et des revues extraordinaires qui peuvent être faites quand Mme la trésorière croit s'apercevoir de quelque infidélité ou de la disparition de quelques objets appartenant à la Crèche.

Il est bon de laisser toujours à la directrice un duplicata de l'inventaire.

II. — Des enfants et de leurs mères.

L'admission des enfants à la Crèche est soumise aux conditions suivantes :

1° Que la mère soit obligée de travailler pour vivre ; 2° que le travail soit hors de son domicile; 3° qu'elle se conduise bien; 4° que l'enfant ait au moins quinze jours; 5° qu'il n'ait pas plus de trois ans; 6° qu'il ne soit pas malade; 7° qu'il ait été vacciné, ou que ses parents consentent à ce qu'on le vaccine dans le délai que fixera le médecin de la Crèche; 8° que la mère s'engage à apporter et rapporter elle-même son enfant; à l'apporter en état de propreté; à venir au moins deux fois par jour l'allaiter, jusqu'à ce qu'il soit sevré; à payer exactement la rétribution fixée par le règlement; 9° qu'elle dépose à la Crèche l'acte de naissance de l'enfant; 10° enfin qu'elle indique l'endroit où elle travaille, pour qu'on puisse la trouver à toute heure en cas de besoin.

Si l'enfant a sur la tête l'espèce de crasse appelée vulgairement *le chapeau*, il ne faut pas l'admettre, à moins que la mère ne consente à ce que le médecin prescrira pour l'en délivrer.

Quand toutes les conditions voulues sont acceptées ou remplies, la dame chargée d'admettre les enfants délivre le *bulletin d'admission*; après quoi le médecin de la Crèche voit l'enfant, et vise le *bulletin d'admission*, s'il y a lieu. La Crèche ne doit recevoir l'enfant que sur la production de ce *bulletin*, *visé par le médecin*. (V. pag. 42.)

Alimentation des enfants. — Jusqu'à l'âge de quatre mois, le lait suffit; la mère allaite son enfant lorsqu'elle l'apporte à la Crèche; elle revient l'allaiter encore au moins deux fois pendant la journée, quand elle quitte son travail pour aller prendre ses repas; le soir, elle lui donne encore le sein avant de sortir de la Crèche. Dans l'intervalle des visites de la mère, on donne à l'enfant de bon lait de vache coupé avec de l'eau chaude et du gruau, suivant les prescriptions du médecin.

De quatre mois à un an, on ajoute à l'allaitement maternel des potages variés en bouillie, semoule ou panades sucrées (1).

Aux enfants sevrés on donne (2), à onze heures, des potages maigres variés (semoule, panade, crème de riz, fécule de pommes de terre); à deux heures, des tartines; à cinq heures, un potage gras; à six heures, des tartines. On leur donne à boire de l'eau panée, avec un peu de vin pour ceux qui en ont besoin, ou du houblon coupé avec de la réglisse verte (3).

---

(1) Ces repas doivent être donnés à des heures régulières, mais qui peuvent varier pour chaque nourrisson, suivant les heures où sa mère a l'habitude de venir l'allaiter.

(2) Les heures et le régime peuvent varier suivant les habitudes locales. C'est au médecin de la Crèche qu'il appartient de les fixer.

(3) La directrice doit se réserver à elle-même le soin de faire le bouillon et de préparer les potages ou panades. Cette tâche est trop importante et elle exige trop de soins pour être abandonnée à une femme de service.

Le médecin indique les enfants qui ont besoin d'un régime exceptionnel, et notamment ceux à qui l'on doit donner de la viande ou du vin. On observe la plus grande régularité possible pour les repas, le sommeil et les jeux. Tous les aliments doivent être en bonne qualité. Les bonbons et les gâteaux sont proscrits de la Crèche.

Sommeil, amusements. — On accoutume facilement les petits enfants à dormir tous à la fois : le sommeil est sympathique. Mais il faut leur mesurer tout, même le sommeil. Quand un enfant n'a pas assez dormi, il est maussade ; quand il a trop dormi pendant le jour, il prive sa mère, pendant la nuit, du sommeil qui lui est si nécessaire.

Il faut qu'un enfant s'amuse. Il s'amuse aisément auprès de ses pareils. Quelques joujoux suffisent ; mais on les choisit tels qu'ils ne puissent blesser ni l'enfant qui s'en sert, ni ses petits voisins. On évite les joujoux peints. Un accordéon est utile pour amuser tous les enfants à la fois ; il a aussi la vertu d'apaiser les cris.

Quand les plus grands peuvent chanter, cet exercice les amuse beaucoup et amuse aussi les petits.

Soins de propreté. — Chaque enfant est lavé deux fois par jour et peigné une fois, toujours loin des croisées ; on l'essuie avec un linge sec et bien propre (1). On ne laisse jamais sur lui rien de mouillé. Chaque enfant a son berceau, son mouchoir, sa cuiller, son peigne, son éponge et sa serviette (2).

Autres soins hygiéniques. — On donne de l'air à la Crèche quand le temps le permet. On a soin que le soleil ne donne pas sur la tête des enfants, surtout lorsqu'ils sont couchés. On leur fait prendre l'air extérieur autant que la température le permet ; on ne les y laisse point quand le soleil est ardent ou le vent froid. Les rideaux des berceaux ne sont jamais entièrement fermés. Du reste, la plus grande propreté doit régner sans cesse dans la Crèche, sur les enfants et sur les berceuses, et, au moyen de la ventilation continue de la Crèche, il ne doit jamais y avoir d'odeur. On berce peu l'enfant, mais on le promène beaucoup. On le couche tantôt d'un côté, tantôt de l'autre, toujours la tête un peu

---

(1) Si l'on donne des bains, il faut, pour éviter les refroidissements, avoir le plus grand soin d'essuyer complètement l'enfant.

(2) Pour éviter toute confusion, il est bon que tous ces objets portent un numéro, qui est celui du berceau réservé à l'enfant.

La même eau ne doit jamais être employée à laver plusieurs enfants.

La plupart des médecins proscrivent les éponges, qui ne sont jamais complètement nettoyées, et qui peuvent transmettre des germes de maladies. Il vaut mieux employer les serviettes.

élevée. On le couvre peu, et l'on évite que la couverture vienne jusqu'à la bouche. On tient le plus possible à ce que les bras soient hors de la couverture. On le préserve des courants d'air.

Soins médicaux. — La Crèche ne reçoit pas, ne garde pas de malades. Les médecins y viennent pour diriger l'hygiène, prévenir les maladies, et parer aux accidents. En cas de convulsions, le malade est vite soustrait aux regards des autres enfants, et l'on prévient de suite le médecin de la Crèche et les parents du malade (1).

Beaucoup de soins, peu de médicaments.

III. — Des berceuses.

Amour des enfants, douceur, patience et propreté sont les principales qualités d'une berceuse. Il faut aussi qu'elle ait une bonne santé, une conduite irréprochable, assez d'intelligence et d'activité pour bien faire le service, et qu'elle puisse donner à la Crèche son temps, ses soins, ses affections. L'âge le plus convenable est de vingt-cinq à cinquante ans.

On donne la préférence aux femmes qui ont été mères et qui ont allaité leurs enfants, surtout pour celle qui doit soigner les nourrissons (2).

Une bonne berceuse ne peut suffire à plus de six nourrissons, à plus de dix enfants sevrés.

Leur salaire doit être égal à peu près au salaire des journalières de la localité. On leur donne, en outre, à propos, quelques gratifications pour les encourager; mais il leur est interdit sévèrement de rien exiger, de rien accepter des mères de leurs petits élèves.

Dans une Crèche qui ne réunit pas habituellement plus de douze à quinze enfants, il suffit de deux berceuses, ou d'une berceuse et de la directrice.

S'il n'y a que deux berceuses, l'une doit commander à l'autre et tenir lieu de directrice. On lui donne un supplément de salaire, ou bien elle est logée dans l'établissement.

---

(1) En cas de convulsions, les soins doivent presque toujours être immédiats. La directrice doit avoir reçu d'avance les instructions du médecin, et doit savoir quels médicaments elle doit administrer en attendant qu'il arrive.

(2) Dans quelques Crèches, et notamment dans celles qui sont établies dans la même maison qu'un orphelinat, on adjoint aux berceuses en titre des jeunes filles, qui viennent là apprendre à soigner les enfants en bas âge. Pour les futures bonnes d'enfants la Crèche est le meilleur des apprentissages.

Dans les Crèches où sont quatre berceuses ou un plus grand nombre, une *femme de service* est nécessaire pour les gros ouvrages, pour les courses, etc.

Quand les ressources de l'œuvre le permettent, on donne un costume aux berceuses.

Il ne suffit pas de bien choisir les berceuses, il faut les bien dresser au service, les bien diriger, les surveiller sans cesse, et faire en sorte qu'elles aiment leur Crèche.

Si une berceuse devient malade, et si le médecin pense que son état puisse être nuisible aux enfants, il faut la renvoyer sans scrupule, sauf à faire pour elle ce que la charité commande, et à la reprendre quand elle est guérie.

Voici des instructions pour les berceuses :

Une berceuse doit lire ou se faire lire le *Règlement* de la Crèche, afin de se bien pénétrer de ses obligations et de remplir tous ses devoirs avec intelligence.

Elle doit obéir à la directrice et la traiter avec respect.

Elle doit à la Crèche tout son temps, aux enfants tous ses soins. Elle doit les traiter avec la plus grande douceur, comme s'ils étaient ses propres enfants : éviter de rien faire qui puisse leur être nuisible, faire au contraire ce qui leur est utile : *surtout ne jamais en battre aucun, sous quelque prétexte que ce soit.* Dans le cas où elle serait malade, il faut qu'elle le dise au médecin de service, quand même elle aurait un autre médecin.

Elle doit avoir beaucoup d'égards pour les mères, et faire en sorte d'adoucir leur sort. Il lui est interdit non seulement de rien demander, mais encore de rien accepter de ces pauvres femmes outre la petite rétribution due à la Crèche.

Elle doit s'abstenir de prédilections, et traiter également tous les enfants qui lui sont confiés ; se tenir bien propre et tenir la Crèche, les enfants, les ustensiles, dans la plus grande propreté. Elle doit éviter les commérages, les disputes, les paroles grossières, et se montrer en tout, même au dehors, digne de la confiance de la Crèche.

IV. — De la directrice.

La directrice de la Crèche n'est pas une simple surveillante. Il faut qu'elle soit prête à suppléer au besoin les berceuses pour tous les soins à donner aux enfants.

Elle veille à ce que tout soit en ordre et à ce qu'il ne se passe rien de contraire à la religion, aux mœurs, au règlement. Elle fait exécuter scrupuleusement les prescriptions des médecins, les décisions du Conseil d'administration de la Crèche, du comité des dames, et les ordres de Mme la trésorière. Elle doit veiller à tout, pourvoir à tout ; c'est elle qui reçoit les enfants admis par Mme la trésorière et par le médecin de la Crèche ; c'est elle qui refuse provisoirement ceux qui seraient malades ou malpropres, ou dont les mères ne réuniraient plus toutes les conditions exigées par le règlement ; c'est elle qui renvoie à leurs parents ceux qui deviennent malades ; c'est elle qui tient la lingerie, la petite pharmacie, qui se réserve spécialement l'alimentation des enfants ; c'est elle qui distribue le service entre les berceuses, qui veille à ce que les soins maternels, hygiéniques et médicaux soient toujours donnés convenablement ; c'est elle qui répond du mobilier, des registres ; c'est elle surtout qui donne le plus souvent aux mères ignorantes des conseils et des consolations.

Une bonne directrice fait la prospérité de l'établissement.

Les qualités essentielles d'une directrice sont l'ordre et l'économie, la douceur, la fermeté, l'esprit de charité. L'âge convenable est de trente à soixante ans.

La directrice est aussi chargée de recevoir les personnes qui visitent la Crèche, de leur donner les renseignements qu'elles désirent, d'attirer à l'œuvre des dons en argent ou en nature, de veiller au payement de la rétribution maternelle.

Elle doit tenir la trésorière ou la présidente au courant de tout ce qui intéresse les enfants ou l'établissement, faire connaître chaque semaine si elle est contente du service en général et de chacune des femmes en particulier, et proposer les gratifications pour celles qui en méritent.

Quand on peut avoir pour directrice de la Crèche une sœur de charité, qui aime les petits enfants, et qui voit en eux Jésus lui-même, ils sont entourés de soins aussi parfaits qu'il est possible, et la Crèche a un aspect de sainteté qui aide beaucoup à l'amélioration morale des familles laborieuses. Mais nous avons vu et nous voyons chaque jour des directrices laïques atteindre au même but, à force de dévouement et de zèle charitables.

V. — Des dames de l'œuvre.

Le nombre des dames qui s'occupent de la Crèche peut être illimité : plus il est grand, plus il y a de surveillance et de ressources. Mais, quelque nombreuses qu'elles soient, il ne faut qu'une *direction : pas de bonne direction sans unité.*

On choisit pour diriger la Crèche une dame qui ait assez de zèle charitable, assez d'aptitude et de temps, pour *tenir le ménage* en bonne mère de famille.

Ce sera habituellement la *présidente* ou la *trésorière*. Alors, comme elle voit tous les besoins de l'œuvre, comme elle veut pourvoir à tous, elle fait ce qui lui est possible, d'un côté pour recevoir assez, de l'autre pour ne pas dépenser trop, et elle se procure des ressources d'autant plus facilement qu'elle peut montrer le bien que fait l'œuvre et le mal qu'elle empêche.

On choisit pour *présidente* une des dames charitables les plus aimées et les plus vénérées dans la localité, celle chez laquelle toutes les autres se réuniront le plus volontiers.

On choisit pour secrétaire celle qui convient le mieux à Mme la présidente et à Mme la trésorière. Il importe que l'harmonie règne toujours dans l'œuvre et que parmi les dames dignitaires surtout il y ait une entente parfaite. L'influence du pasteur s'exerce là fort utilement.

On choisit pour vice-présidentes, pour trésorières adjointes et secrétaires adjointes, les dames qui peuvent le mieux suppléer les dignitaires empêchées.

Toutes les autres dames sont inspectrices. Il faut que toutes soient tenues au courant de ce qui est fait par l'œuvre et que chacune puisse dire : « Venez voir ma Crèche ; souscrivez pour ma Crèche ; donnez pour ma Crèche. »

Mme la trésorière gouverne au nom de Mme la présidente. Elle est chargée de l'admission des enfants, à moins que le comité n'ait désigné une autre des dames de l'œuvre pour cet objet. Elle veille à ce que le service marche bien ; à ce que les réunions du conseil d'administration et du comité des dames aient lieu aux époques voulues ; à ce que rien ne manque à la Crèche et à ce qu'on n'y gaspille rien.

Dans chaque réunion, elle fait connaître la situation de la caisse et son avis sur le service des berceuses et de la directrice ; elle propose, s'il y a lieu, leur changement, ou demande des gratifications pour celles qui en ont mérité. Dans chaque réunion, on prend connaissance des registres, on examine les réclamations et on y fait droit.

Les dames les plus zélées aident Mme la trésorière à visiter de temps en temps les familles des enfants de la Crèche, et l'on choisit de préférence pour faire ces visites le jour où l'enfant n'a pas été apporté à la Crèche.

Il est très utile à l'œuvre que chaque année Mme la trésorière ou une autre dame désignée par le comité des dames fasse un rapport général sur la Crèche. Ce rapport est lu au conseil d'administration, qui en ordonne l'impression après l'avoir approuvé. Un de messieurs les médecins fait aussi un rapport sur l'hygiène de la Crèche. Au moyen de ces rapports annuels, tous les bienfaiteurs de l'œuvre, toutes les personnes qui s'y intéressent, et même celles qui devraient s'y intéresser, peuvent connaître et apprécier le bien qu'elle produit.

VI. — Des médecins.

Quoique la Crèche ne reçoive pas, ne garde pas de malades, elle a besoin de médecins, non seulement pour que tout soit établi et maintenu suivant les principes de l'hygiène, mais encore pour qu'on n'admette point ou ne garde point d'enfants malades. Il faut aussi que le médecin indique les enfants qui ont besoin d'un régime exceptionnel.

La Crèche doit être, autant que possible, visitée chaque jour par un médecin. Il est donc utile d'avoir plusieurs médecins qui font successivement le service, par semaine, par quinzaine, par mois, ou par trimestre. Celui qui prend le service est mis au courant par celui qui sort.

Il importe que les médecins de la Crèche soient d'accord entre eux, et qu'ils soient dans de bons termes avec Mme la présidente et Mme la trésorière.

Les dames ont besoin de les appeler à leurs réunions, quand on doit examiner quelques questions où l'hygiène est intéressée. Mais il faut ménager leur temps et leur zèle autant qu'on peut.

Quand il y a plus de deux médecins, ils se constituent en comité médical et désignent entre eux un président, un secrétaire et celui qui devra faire le rapport hygiénique à la fin de l'année.

VII. — Du conseil d'administration.

Il importe que ce conseil indispensable ait pour président le Maire ou le Curé et qu'il soit composé des personnes les plus bienfaisantes et les plus vénérées de la commune. (V. pour ses attributions et sa composition le *modèle de statuts*.)

VIII. — Ressources de l'œuvre.

Les ressources de l'œuvre consistent : 1° dans les dons que la charité lui procure sous toutes les formes ; 2° dans la rétribution des mères dont elle soigne les enfants ; 3° et, au besoin, dans quelques subventions de l'autorité.

Les souscriptions volontaires des membres de l'œuvre et de ses bienfaiteurs sont le premier article des recettes. On fixe un minimum assez bas pour attirer le plus grand nombre possible de souscriptions ; plus vous descendez, plus il y a de souscripteurs possibles.

Un sermon de charité produit toujours une quête proportionnée aux ressources de la localité, pourvu qu'on choisisse bien le moment propice, les dames quêteuses et le prédicateur. Le sermon doit attirer sur l'œuvre mieux que des secours pécuniaires : l'intérêt de tous les amis du bien.

Un tronc à la Crèche, un à la mairie et un autre à l'église peuvent aussi procurer quelques secours.

Quant au linge, aux layettes et autres objets nécessaires à la Crèche, on les obtient de la charité, quand Mme la trésorière et la directrice ont soin de faire connaître aux dames les besoins de l'œuvre à cet égard.

Dans une Crèche nécessaire et bien tenue, la charité doit facilement procurer les trois quarts ou au moins les deux tiers de la dépense totale, et la rétribution maternelle fournit le surplus. Les subventions de l'autorité ne sont nécessaires alors que par exception, quand il y a des dépenses extraordinaires à payer.

IX. — Dépenses de l'œuvre.

Les dépenses consistent dans le loyer, les frais de garde, y compris le traitement de la directrice et les gratifications, l'alimentation supplémentaire des enfants, le blanchissage, le chauffage, l'éclairage, l'entretien du bâtiment, du mobilier et de la lingerie, et les petites dépenses diverses (1).

Mme la trésorière a soin d'inscrire chaque mois sur un *tableau* toutes les dépenses, suivant leur nature, afin de pouvoir toujours se rendre compte et comparer le chiffre d'un mois avec celui d'un autre mois, d'une année avec l'autre.

X. — Comptabilité.

La comptabilité de la Crèche est celle d'un simple ménage bien ordonné : on inscrit avec soin toutes les recettes et toutes les dépenses jour par jour. A la

(1) Chacun de ces articles de dépense varie suivant les habitudes de chaque Crèche. Le loyer varie suivant la localité, suivant le quartier ; il devient nul quand l'œuvre est propriétaire de son local, ou quand elle est installée dans un bâtiment mis à sa disposition par la ville ou par le bureau de bienfaisance.

Les frais de personnel varient suivant que les femmes sont ou non logées, nourries, etc.

La dépense d'alimentation augmente si les berceuses sont nourries.

Quand la Crèche n'a pas de buanderie et fait tout laver au dehors, les frais de blanchissage sont plus chers ; mais le loyer et le personnel sont moindres.

Il est donc impossible d'indiquer, même approximativement, quelle peut être la proportion relative des divers articles de dépense.

fin du mois, on porte chaque article de dépense au *tableau à colonnes* dont nous venons de parler, et le compte général des dépenses de l'année se trouve fait, au 31 décembre, au moyen de simples additions.

Il est bon de réunir dans un second tableau les dépenses de toutes les années précédentes, afin de pouvoir les comparer entre elles.

A chaque réunion du conseil d'administration et du comité des dames, on prend connaissance de la situation de la caisse et du tableau des dépenses.

On doit tenir avec grand soin la liste des souscripteurs, ainsi que celle des donateurs de berceaux, avec leurs adresses.

Quand il y a dans la caisse plus qu'il ne faut pour couvrir les dépenses courantes, on place l'excédent. On le place de la manière et pour le temps indiqués par le conseil d'administration, en prenant les précautions nécessaires pour qu'en cas de décès l'œuvre puisse toujours retirer ses fonds sans difficulté.

XI. — Rapports annuels.

Le rapport des dames fait connaître : 1° combien d'enfants ont profité de la Crèche pendant l'année ; 2° combien ils ont eu de journées de présence ; 3° si la gouvernante et les berceuses ont bien fait leur service ; 4° si le service médical a toujours été fait exactement ; 5° le nombre des mariages que l'œuvre a déterminés, et celui des enfants que ces mariages ont légitimés ; 6° le montant des recettes de l'année, et les noms des principaux donateurs, des personnes qui ont rendu les plus grands services à la Crèche ; le montant des dépenses, et la moyenne pour chaque enfant qui en a profité.

Il raconte les faits les plus intéressants de l'année ; indique les améliorations obtenues, et celles qu'on espère ou qu'on voudrait encore obtenir.

Le rapport des médecins fait connaître tout ce qui intéresse le mouvement sanitaire de la Crèche, et signale toutes les améliorations que l'hygiène peut réclamer encore.

Ces rapports, concis et clairs, doivent être imprimés et distribués, afin de tenir les membres de l'œuvre, ses bienfaiteurs, l'autorité et le public, au courant du bien qu'elle fait : plus on les répand, plus les ressources abondent (1).

(1) Le rapport, ou tout au moins le compte moral et financier dressé dans la forme indiquée par le modèle que l'on trouvera pages 45 et 46, doit être adressé chaque année au maire, au préfet et au ministre de l'Intérieur. La production de ce compte est la condition de toute subvention accordée par la commune, le département ou l'Etat.

XII. — Modèles.

1° *Modèle de statuts.*

1. Une Société de bienfaisance est établie entre les personnes charitables qui veulent bien concourir à la fondation et à l'entretien de la Crèche *nom du saint patron de la paroisse*). Le minimum de la souscription des membres de la Société est de...

2. Le conseil d'administration de la Crèche se compose de M. le curé de la paroisse, de M. le maire de la commune, de Mme la présidente et Mme la trésorière de la Crèche, du plus ancien des médecins de l'œuvre, et de... autres membres désignés par le conseil. Le conseil fait le budget, arrête les comptes et vote les mesures nécessaires pour soutenir l'établissement : il élit la présidente, la trésorière et les médecins de la Crèche, sur la présentation du comité des dames ; il fixe la quotité de la rétribution des mères. Le conseil d'administration peut modifier les statuts et les règlements, mais seulement sur la proposition du comité des dames.

3. Le comité des dames se compose de toutes les dames de l'œuvre. Leur nombre n'est point limité. Les dames sont admises par le comité sur la présentation de Mme la présidente.

4. Le comité des dames élit une, deux ou trois vice-présidentes, une ou deux trésorières adjointes, et deux secrétaires ; il choisit la directrice de la Crèche sur la présentation de Mme la présidente et de Mme la trésorière.

5. Mme la trésorière est chargée de l'admission des enfants et du choix des berceuses, à moins que le comité des dames n'en ait chargé une autre dame de l'œuvre.

6. Quand la Crèche a plus de deux médecins, ils peuvent être constitués en comité médical.

7. Une commission de service, composée de Mme la présidente, Mme la trésorière, Mme la secrétaire, et deux autres dames désignées par le comité des dames, statue sur les admissions douteuses et sur toutes les autres difficultés que présente la direction intérieure de la Crèche.

8. A toutes les réunions du conseil, du comité des dames, et même de la commission de service, on fait connaître la situation de la caisse, et on apporte les registres de la Crèche : les observations qui y ont été inscrites sont examinées.

9. A la fin de chaque année, il est fait au conseil d'administration des rapports

sur les soins maternels, sur les soins hygiéniques et médicaux et sur la comptabilité. Ces rapports sont distribués aux membres et aux bienfaiteurs de l'œuvre.

2° *Modèle de règlement de la Crèche.*

1. La Crèche est ouverte depuis cinq heures et demie du matin jusqu'à huit heures et demie du soir ; elle est fermée le dimanche et les jours de fête.

2. Aucun enfant ne passe la nuit à la Crèche. Tous les objets dont se compose le berceau demeurent exposés à l'air pendant la nuit.

3. La température de la Crèche sera maintenue, en hiver, entre treize et quatorze degrés centigrades, et les ventilateurs agiront sans discontinuer.

4. *Conditions d'admission* d'un enfant. (Voy. p. 27 et 28.)

5. L'enfant est inscrit sur le registre d'admission le jour de son entrée. L'inscription énonce la date de sa naissance, son état sanitaire, la demeure et la profession de ses parents. Une case est réservée pour indiquer le jour de la sortie, une autre pour les observations.

6. L'extrait de naissance et le certificat de vaccine sont de suite rendus aux parents.

7. Aucun enfant n'est reçu dans la Crèche que sur un *bulletin d'admission* (1) signé par la dame chargée des admissions et visé par le médecin de la Crèche. En cas de renvoi de l'enfant, il est fait mention du motif sur le bulletin ainsi que sur le registre d'admission.

8. En cas de doute sur l'admissibilité d'un enfant ou sur son renvoi, la commission de service statue.

9. La mère doit apporter son enfant à la Crèche en état de propreté. Elle paye centimes par journée de présence, et seulement centimes pour deux ou trois enfants. Elle vient allaiter exactement deux fois au moins par jour le nourrisson (2).

10. Les berceuses doivent tout leur temps à la Crèche, tous leurs soins aux enfants. Leur salaire est fixé à par jour, dimanche compris. Il leur est interdit de rien recevoir des mères, sous quelque forme que ce soit, en dehors de la rétribution maternelle. Elles doivent obéissance à la directrice, respect à tous les membres de l'œuvre, et beaucoup d'égards aux mères.

---

(1) Voy. le modèle de ce bulletin, page 42.

(2) Quelques Crèches demandent à la mère de fournir le linge nécessaire à l'enfant pour la journée, et, quand il est sevré, d'apporter son petit panier garni, comme à la Salle d'asile.

11. La directrice répond du mobilier, des dégradations et de tout ce qui pourrait être répréhensible dans la Crèche.

12. Un médecin visite la Crèche tous les jours, et consigne ses observations ainsi que ses prescriptions sur le registre médical.

13. Les médecins, les dames et les membres du conseil veillent à ce que les enfants reçoivent tous les soins nécessaires, à ce que les aliments soient toujours bons et convenables, et l'établissement toujours bien tenu.

14. Le conseil d'administration peut accorder des récompenses à la directrice et aux berceuses, sur la proposition des dames.

15. Les réclamations doivent être adressées à Mme la trésorière ou à Mme la présidente.

16. Le règlement est affiché dans la Crèche, ainsi que l'ordre du service de l'établissement et le règlement hygiénique.

3e *Modèle de l'ordre du service.*

1. La berceuse chargée d'ouvrir et de fermer la Crèche doit être à son poste une demi-heure avant l'arrivée des enfants, et tout préparer pour les recevoir. En hiver, elle allume le poêle assez tôt pour que la température soit bonne quand leurs mères les apportent.

2. La directrice et les autres berceuses arrivent à six heures du matin.

3. Quand elles sont arrivées, on complète le nettoyage de la Crèche, des meubles, des ustensiles.

4. On fait la toilette des enfants à mesure qu'ils arrivent.

5. A neuf heures, bouillie, semoule ou panade sucrée pour les nourrissons (1).

6. A onze heures, on donne un potage aux enfants sevrés ; les mères-nourrices viennent allaiter leur enfants.

7. A midi, semoule ou panade aux nourrissons qui ont eu la bouillie à huit heures.

8. On couche les enfants après qu'ils ont mangé.

9. Pendant le sommeil qui dure environ deux heures, les berceuses prennent leur repas, nettoient la Crèche et font les courses indispensables ; mais elles ne doivent s'absenter que les unes après les autres, et avec la permission de la directrice.

---

(1) Les heures et la composition des repas varient suivant les habitudes locales, et sont fixées pour chaque Crèche par le médecin. Le seul point essentiel est la régularité.

10. A deux heures, on lève les enfants et on leur distribue des tartines ; puis on les débarbouille. Les mères-nourrices viennent allaiter leurs enfants.

11. A quatre heures, semoule, panade ou bouillie aux nourrissons.

12. A cinq heures, potage gras aux enfants sevrés.

13. A sept heures, nouvelle distribution de tartines.

14. A huit heures et demie, fermeture de la Crèche.

Nota. — Les mères ont toujours la faculté de venir, dans la journée, à l'heure qui leur convient, prendre leurs enfants pour les promener hors de la Crèche.

4° *Modèle de règlement hygiénique.*

Aération. — Les ventilateurs doivent agir sans discontinuer, de la manière prescrite par les médecins de la Crèche. On donne en outre de l'air à la Crèche quand le temps le permet.

Quand la température extérieure est bonne, on fait sortir les enfants au grand air.

Le soir, quand tous sont partis, on ouvre portes et croisées, et on met à l'air tous les objets qui composent ou garnissent les berceaux.

La Crèche ne doit jamais sentir mauvais.

Température. — De treize à quatorze degrés centigrades. Le thermomètre doit baisser un peu vers le soir, avant que les mères viennent reprendre leurs enfants.

Alimentation. — Nourriture saine, régulière, appropriée à l'âge des enfants.

Eau filtrée, lait sans mélange ; point de bonbons ni de gâteaux.

Boisson : eau panée ou eau de réglisse.

L'enfant ne doit pas être étendu quand il mange ou boit. Il ne faut pas qu'il mange vite. Pendant qu'il mange ou qu'il boit, il faut relever un peu sa tête, et n'exciter en ce moment ni ses rires ni ses cris.

Propreté. — La plus grande propreté doit régner dans toute la Crèche, sur les enfants et sur les berceuses.

Le parquet doit être lavé aussi souvent qu'il est nécessaire pour qu'il soit toujours propre ; mais le lavage ne doit être fait qu'en l'absence des enfants.

On ne doit faire sécher dans la salle aucun linge ni y laisser rien de sale, rien qui puisse donner de l'odeur.

Toute couche salie doit être essangée sans retard (1).

Chaque enfant doit être lavé deux fois par jour (deux heures après le repas), et peigné une fois.

Pendant qu'on lave les enfants, les croisées doivent être fermées.

Chaque enfant a son berceau, sa tasse, sa cuiller, son mouchoir, ses deux éponges, sa serviette, son peigne. (V. p. 29 et la note.)

Autres soins et précautions. — Les rideaux des berceaux occupés ne doivent jamais être entièrement fermés.

On évite de mettre les enfants dans un courant d'air ; on évite aussi que le soleil donne sur leur tête, surtout quand ils sont couchés ; on ne laisse jamais de linge mouillé sur eux ni sous eux.

Il ne faut pas gêner leur respiration ; il ne faut pas trop couvrir leur tête ni leur berceau.

Il ne faut pas gêner inutilement leurs mouvements dans le maillot.

On berce le moins possible.

On ne laisse pas trop longtemps l'enfant assis sur le pot ni ailleurs, ni couché dans la même position. Il faut le coucher tantôt d'un côté, tantôt de l'autre et toujours la tête un peu élevée. Il faut tenir, autant que possible, les bras de l'enfant hors de la couverture.

On promène le nourrisson le plus qu'on peut.

On n'enlève jamais un enfant par le bras.

On ne laisse à sa portée rien de nuisible, rien d'assez petit pour qu'il puisse le mettre en entier dans sa bouche.

Il ne faut pas lui donner de frayeur, ni le battre, ni même le gronder ; il faut le traiter avec la plus grande douceur possible.

On laisse les enfants dormir et jouer autant qu'ils veulent : on évite les joujoux peints et tout ce qui pourrait faire du mal ou à l'enfant qui le tient ou à ses petits voisins.

On a soin de placer les enfants à côté de ceux qu'ils aiment.

En cas de convulsions, il faut soustraire bien vite le malade aux regards des autres enfants, et prévenir de suite le médecin de la Crèche et les parents de l'enfant malade.

---

(1) Tout objet mouillé doit être de suite emporté hors de la salle.

Chaque fois qu'un enfant quitte son berceau, les draps et les couvertures doivent être étalés proprement sur le pied du lit ; ils ne doivent pas être entassés pêle-mêle dans le berceau.

5° Modèle du bulletin d'admission et des instructions que la Crèche donne à la mère.

INSTRUCTIONS POUR LES MÈRES

Ne mettez pas votre enfant en nourrice : il y perdrait la santé.

Allaitez-le vous-même : il se portera mieux, vous aimera plus et vous coûtera moins.

Apportez-le à la Crèche dès que vous pourrez sortir sans danger.

Couvrez-le bien dans le trajet.

Venez l'allaiter au moins deux fois par jour.

Ne gênez pas ses mouvements dans le maillot ; ne couvrez pas trop sa tête.

Ne gênez pas sa respiration.

Ne le laissez pas assis longtemps sur le pot ni ailleurs, ni couché dans la même position.

Donnez-lui toujours un lait pur, un air pur, une nourriture saine et régulière, le sein de préférence à toute autre alimentation, et autant que possible à des heures régulières.

Ne sevrez pas votre enfant sans l'avis du médecin.

Faites-le vacciner au moment indiqué par le médecin.

Tenez-le proprement, ne croyez pas que la crasse ou la vermine soient jamais utiles à sa santé.

Bercez-le le moins possible.

Faites-lui prendre l'air le dimanche, s'il fait beau.

Ne le baignez jamais que deux ou trois heures après son repas.

Ne l'enlevez jamais par le bras.

Relevez sa tête quand il boit ou mange ; n'excitez en ce moment ni ses rires ni ses cris.

Ne laissez entre ses mains rien d'assez petit pour qu'il puisse le mettre en entier dans sa bouche.

Ne laissez à sa portée rien de nuisible.

Pieds chauds, ventre libre, tête fraîche, voilà ce qu'il faut à la santé.

S'il est malade, consultez, non des commères ni des charlatans, mais le médecin de la Crèche.

Voyez les soins et les précautions que la Crèche a pour lui, faites en sorte qu'il ne perde pas chez vous le bien qu'elle lui fait.

Aidez à le rendre fort et bon.

L'éducation commence au berceau.

L'enfant est pour sa mère une source de bonheur ou de chagrin, suivant qu'il a été bien ou mal élevé.

Les impressions de l'enfance agissent sur toute la vie.

Soyez sobre et sage, pour le mieux nourrir et élever.

Apprenez-lui à prier Dieu, son premier protecteur; à aimer ceux qui lui font du bien.

Apprenez-lui à aimer son père, à le respecter, afin qu'il vous aime et vous respecte.

Apprenez-lui à être aimable, aimant, poli, bon, reconnaissant.

Apprenez-lui le nom des dames qui s'occupent de lui avec le plus de soin, le nom de son berceau, de sa berceuse.

Ne lui donnez que de bons exemples et de bonnes habitudes.

Envoyez-le à l'Asile aussitôt qu'il peut en suivre les exercices.

Apprenez-lui tous ses devoirs : à mesure qu'il grandit, ils grandissent; sachez bien *qu'il ne peut être heureux*, que *vous-même vous ne serez pas heureuse, s'il ne remplit exactement tous ses devoirs.*

Ne lui donnez pas de frayeur, ne le battez pas; traitez-le toujours avec douceur : on corrige en ne récompensant pas.

Conservez précieusement ses yeux, ses membres et tous ses organes, afin qu'il puisse un jour soutenir sa mère si elle a besoin d'appui. Semez du bien, vous récolterez du bien.

EXTRAIT DU RÈGLEMENT

La Crèche est ouverte depuis cinq heures et demie du matin jusqu'à huit heures et demie du soir; elle est fermée le dimanche, le 1er janvier, les jours de l'Ascension, de l'Assomption, de la Toussaint et de Noël, et le lundi de Pâques.

Les *conditions d'admission* sont : que la mère ait besoin pour vivre de travailler hors de son domicile et qu'elle se conduise bien; que l'enfant ait moins de trois ans; qu'il ait été vacciné ou qu'il le soit dans le plus bref délai; qu'il ne soit point malade; que la mère s'engage à exécuter le règlement affiché.

Le bulletin d'admission doit rester en dépôt à la Crèche tant que l'enfant continue à y être apporté.

La mère doit apporter son enfant en état de propreté, fournir le linge nécessaire pour la journée, venir au moins deux fois par jour allaiter le nourrisson, garnir le petit panier de l'enfant sevré, et payer   centimes pour chaque *journée de présence.* Quand la mère a deux ou trois enfants à la Crèche, elle ne paye que centimes pour tous.

L'enfant qui tombe malade cesse d'être reçu à la Crèche, et ne peut y rentrer que sur un nouveau bulletin d'admission, visé, comme le premier, par le médecin de l'établissement.

Il est défendu aux berceuses de recevoir des mères aucun supplément, sous QUELQUE FORME QUE CE SOIT.

Toute réclamation doit être adressée à Madame
présidente, rue ou à Madame
trésorière, rue

CERTIFICAT D'ADMISSION (1).

Madame la trésorière de la Crèche
, certifie que l'enfant fils de
et de , né le à
a été admis sur la recommandation de
et après vérification des conditions exigées par le règlement.

Vu par le médecin de la Crèche. (Signature de Mme la trésorière.)

Le 18 (Signature du médecin.)

---

(1) Les *instructions*, l'*extrait du règlement* et le *certificat* tiennent sur quatre pages. On remet cette feuille à la mère au moment de l'admission, et on lui recommande de la lire ou de se la faire lire souvent, dans l'intérêt de son enfant.

MODÈLE DE COMPTE

DÉPARTEMENT d______________________

______ Crèche d______________

COMPTE DE 188 ______

COMPTE EN DENIERS

RECETTES		DÉPENSES	
Subvention de l'Etat		Local { Loyer	
Id. du Département		Local { Contributions	
Id. de la Commune		Local { Assurances	
Id.		Entretien du bâtiment	
Rentes sur l'Etat		Personnel { Traitement de la surveillante	
Intérêts du fonds de réserve. . . .		Personnel { Gages des berceuses	
Rétribution maternelle		Personnel { Gratifications	
Dons en argent		Entretien et achats du mobilier . .	
Fondations de berceaux, nombre {		— du linge, vêtements, etc.	
Souscriptions annuelles, nombre {		Alimentation.	
Sermons de charité.		Chauffage	
Loteries, ventes, concerts, etc.. . .		Eclairage	
Quêtes.		Blanchissage	
Troncs { de la Crèche		Frais divers.	
Troncs { de l'Eglise			
Troncs { de la Mairie			
TOTAL DES RECETTES EN ARGENT		TOTAL DES DÉPENSES EN ARGENT	
Evaluations des dons en nature. . .		Valeurs des dons en nature employés	
TOTAL DES RECETTES DE L'ANNÉE 188		TOTAL DES DÉPENSES DE L'ANNÉE 188	
		Dépenses extraordinaires { Emploi de fonds . . .	
		Dépenses extraordinaires { Frais de constructions, etc., etc.	
Excédent des recettes de l'année précédente		Excédent des dépenses de l'année précédente	
TOTAL. . . .		TOTAL. . . .	

BALANCE

Recettes . . . .

Dépenses. . . . .

Excédent de. . . . .

RENSEIGNEMENTS

PENDANT L'ANNÉE :

Nombre des journées de présence . .		Minimum.	
Nombre des journées payantes . . .		Combien de jours la Crèche est restée ouverte.	
— gratuites . . .		Nombre des berceaux.	
Nombre d'enfants inscrits pendant les années précédentes, et qui ont continué à fréquenter la Crèche.		— des places dans les lits de camp	
Nombre d'enfants inscrits pendant l'année		Taux de la rétribution maternelle : Pour un enfant	
Chiffre moyen des enfants présents chaque jour		Pour deux ou plusieurs enfants .	
Maximum.		Dépense moyenne de chaque enfant par jour.	

DEPUIS LA FONDATION DE LA CRÈCHE, DATE :

Nombre d'enfants inscrits. . . . .

Nombre de journées de présence. . . . .

COMPTE MORAL

Indication sommaire des

Motifs d'augmentation de recettes
— de diminution —
— des mutations survenues dans le nombre des sociétaires
— — — des enfants secourus
— — — du personnel dirigeant
— — — du personnel servant

Renseignements sur les :

Améliorations apportées
— désirées

Etat sanitaire.

Maladies
Épidémies
Vaccinations
Décès

Résultats obtenus.

Religieux
Moraux

Autres secours.

Comité de Dames :

Présidentes honoraires :
Présidentes :
Vice-présidentes :
Trésorières-directrices :
Secrétaires :
Nombre de dames patronnesses.

Comité d'administration :

Comité médical :

6e MODÈLE DU **Registre des admissions.**

Mois de . 183

Numéros d'ordre.	NOM ET PRÉNOMS DE L'ENFANT.	Date de la naissance de l'enfant.	Vacciné ou non.	État sanitaire de l'enfant lors de son entrée à la Crèche.	PROFESSIONS du père.	PROFESSIONS de la mère.	Mariés ou non mariés	Date de l'admission.	Date de la sortie de l'enfant de la Crèche.	Cause de sa sortie.	OBSERVATIONS

7° Modèle du **Registre de présence des enfants.**

Mois de 186

N° d'ordre.	NOMS des enfants	Adresses de leurs mères.	1	2	3	4	5	6	7	8	9	10	11	12	13	14	15	16	17	18	19	20	21	22	23	24	25	26	27	28	29	30	31

8e Modèle du **Registre d'inspection**.

Mois de 188

Jour et heure de la visite.	Nombre total des enfants inscrits au registre de présence.	Nombre des enfants présents au moment de la visite	OBSERVATIONS	SIGNATURE des dames inspectrices.

9e Modèle du **Registre des médecins.**

Mois de 186

Jour et heure de la visite.	Combien d'enfants présents	Combien d'enfants nouvellement admis.	État sanitaire des nouveaux au moment de leur entrée.	PRESCRIPTIONS ET OBSERVATIONS DU MÉDECIN.	SIGNATURE DU MÉDECIN

OBSERVATIONS GÉNÉRALES

Nous n'avons pas besoin de donner un modèle pour le registre des délibérations du conseil d'administration, ni pour celui sur lequel les personnes qui visitent l'établissement ont la faculté d'inscrire leurs éloges, leurs critiques ou leurs observations. Il suffit de mettre sur la première page de ce dernier que « la Crèche accueillera avec reconnaissance toutes les bonnes idées que des personnes charitables voudraient bien lui donner ».

Pour le registre des recettes et dépenses, il est inutile aussi de faire un modèle. Nous recommandons seulement de faire, après chaque mois et chaque trimestre, un résumé qui permette de suivre pour ainsi dire jour par jour la comptabilité de l'œuvre.

On n'affiche pas les règlements entiers, mais ce qu'il est essentiel de faire connaître aux berceuses et aux mères.

La directrice doit les savoir tous par cœur. Mme la trésorière les connaît aussi parfaitement.

Quand on fait des modifications à l'un des règlements, il faut avoir soin de les afficher.

L'affiche doit être mise dans un endroit où elle puisse être lue facilement.

EXTRAIT DE L'ARRÊTÉ DU MINISTRE DE L'INTÉRIEUR

DU 30 JUIN 1862

PORTANT RÈGLEMENT SUR LES CRÈCHES

TITRE I. — Dispositions générales.

ARTICLE PREMIER.

Les enfants reçoivent à la Crèche, jusqu'à ce qu'ils puissent entrer à la Salle d'asile ou qu'ils aient accompli leur troisième année, les soins hygiéniques et moraux qu'exige le premier âge.

Ils ne peuvent y être gardés pendant la nuit.

Les enfants sevrés seront séparés, autant que possible, de ceux qui ne le sont pas.

ARTICLE 2.

La salle ou les salles doivent contenir, au moins, huit mètres cubes d'air par chaque enfant.

Elles doivent être éclairées par des fenêtres qui se correspondent, à châssis mobiles, en tout ou partie, ou offrir des renouvellements d'air artificiels.

Toute Crèche doit être pourvue d'un promenoir à ciel découvert ou au moins d'une cour, d'un balcon ou d'une terrasse.

ARTICLE 3.

Nulle Crèche ne peut être ouverte avant que le préfet du département ait fait constater qu'elle réunit les conditions de salubrité ci-dessus prescrites. L'arrêté préfectoral, qui en autorisera l'ouverture, fixera le nombre d'enfants qui pourront y être réunis.

ARTICLE 4.

Les Crèches sont exclusivement tenues par des femmes.

Nulle ne peut tenir une Crèche, si elle n'a vingt et un ans accomplis et si elle ne justifie d'un certificat d'aptitude signé par deux dames notables de la commune et visé par le maire et par le curé ou le pasteur. Les lettres d'obédience délivrées par les supérieures des communautés religieuses régulièrement reconnues tiennent lieu de certificat d'aptitude.

Nulle ne peut être gardienne des enfants, si elle ne justifie d'un certificat de moralité et d'aptitude délivré par le maire sur l'attestation de deux dames notables.

ARTICLE 5.

La Crèche doit être visitée, tous les jours, par un médecin.

On ne doit y admettre que des enfants en état de santé et qui ont été vaccinés, ou dont les parents consentent à ce qu'ils le soient dans le plus bref délai.

TITRE II. — Des Crèches approuvées.

ARTICLE 6.

Toute Crèche qui désirera obtenir l'approbation du ministre de l'Intérieur devra faire parvenir, à cet effet, une demande au ministère de l'Intérieur, par l'intermédiaire du préfet.

A l'appui de cette demande seront joints :

1° Un avis du conseil municipal;

2° Deux copies du règlement de l'œuvre;

3° Les comptes rendus des deux derniers exercices;

4° Le budget de l'année courante;

5° Une notice indiquant les dimensions des salles, le nombre d'enfants qui fréquentent habituellement la Crèche, etc.

ARTICLE 7.

Toute Crèche approuvée est administrée par un conseil composé de personnes des deux sexes.

Le conseil d'administration pourra s'adjoindre un comité composé de dames, qui lui prêtera son concours, soit pour recueillir des souscriptions, soit pour surveiller la tenue des divers services de la Crèche.

ARTICLE 8 (*abrogé*).

ARTICLE 9.

Le maire ou son délégué et le curé ou le pasteur de la circonscription dans laquelle une Crèche est établie, font nécessairement partie du conseil d'administration de ladite Crèche, à titre de présidents honoraires.

ARTICLE 10.

Les personnes appelées à faire partie du conseil d'administration d'une Crèche sont nommées, pour la première fois, au scrutin de liste et à la majorité absolue des suffrages par les souscripteurs réunis en assemblée générale. Le conseil désigne sa présidente, sa vice-présidente et sa trésorière.

Le conseil se renouvelle ensuite, chaque année, par fractions. Pendant les premières années, les membres sortants sont désignés par le sort jusqu'à ce que le roulement soit établi. Le conseil procède au remplacement des membres sortants qui peuvent toujours être réélus.

En cas de vacance pour d'autres causes, il est pourvu au remplacement, dans le délai de deux mois, par le conseil réuni à cet effet. Les personnes choisies ne sont nommées que pour le temps pendant lequel les membres sortants auraient dû rester en fonctions.

ARTICLE 11.

Toute Crèche approuvée doit tenir :

1° Un registre matricule sur lequel sont inscrits les nom, prénoms et âge de chaque enfant; les noms, adresse et profession de ses parents; la date de l'admission et l'état physique de l'enfant à son entrée;

2° Un registre sur lequel est constaté nominativement le nombre des enfants présents chaque jour;

3° Des registres où sont portées les prescriptions ou les observations des médecins;

4° Des registres où sont consignées les observations des inspecteurs et des visiteurs.

ARTICLE 12.

Ces Crèches doivent avoir une berceuse pour six nourrissons et une gardienne pour douze enfants de dix-huit mois à trois ans. Il est interdit aux gardiennes et aux berceuses d'accepter des parents aucune espèce de cadeaux.

ARTICLE 13.

Les mères qui s'engagent à venir allaiter leurs nourrissons sont seules admises à profiter de l'institution des Crèches. L'usage pourra en être refusé aux mères dont la conduite habituelle donnerait lieu à de graves reproches.

Elles doivent payer, pour chaque journée de présence de leur enfant, une rétribution fixée par le conseil d'administration, eu égard au salaire moyen des ouvrières dans la commune.

ARTICLE 14.

Chaque Crèche approuvée a un règlement général et des règlements de service intérieur. Le premier renferme les conditions fondamentales de l'œuvre; les seconds, les dispositions secondaires ou de détail. Ces derniers règlements seront affichés dans un endroit apparent de la salle.

Les Crèches sont surveillées par les membres du conseil d'administration et par les dames du comité.

Elles peuvent être visitées par le public.

ARTICLE 15.

Le maire, le curé ou le pasteur de la circonscription et le médecin de l'œuvre veillent, chacun en ce qui le concerne, à ce que la Crèche ne s'écarte pas de son but hygiénique et moral.

ARTICLE 16.

Au 31 mars, au plus tard, la présidente du conseil d'administration de toute Crèche approuvée soumettra au préfet, en double expédition :

1° Le compte des recettes et des dépenses pendant l'exercice précédent ;

2° Le compte moral de l'œuvre pour la même période de temps.

Le préfet, après avoir approuvé ces documents, en transmettra un exemplaire au ministre de l'Intérieur.

ARTICLE 17.

Les Crèches approuvées pourront recevoir des encouragements sur les fonds de l'État.

Les demandes de subvention seront adressées, par l'intermédiaire des préfets, au ministre de l'Intérieur.

TITRE III. — Des Crèches privées.

ARTICLE 18.

Les Crèches privées fonctionnant en ce moment ou qui pourront être créées, à l'avenir, seront administrées conformément à leurs règlements particuliers. Mais elles devront se conformer aux prescriptions du Titre Ier du présent arrêté.

Elles seront tenues d'adresser une copie de leurs règlements au maire de la commune.

L'autorité administrative pourra faire inspecter ces établissements, afin de s'assurer s'ils ont satisfait aux conditions qui leur sont imposées.

PLANS ET FRAIS D'INSTALLATION

DE DIVERSES CRÈCHES

(Les plans ont été offerts à la Société des Crèches par M. Emile Cacheux. Ils sont tirés de son livre sur la *Construction et organisation des Crèches, Salles d'asile, Écoles.*)

CRÈCHE SAINTE-MARGUERITE, A GRENELLE

(Planches 17 et 18.)

La Crèche, construite sur les plans de M. Guillotin, peut recevoir trente enfants.

Le terrain a coûté 7,000 francs; la construction a coûté environ 30,000 francs, qui ont été généreusement donnés à l'œuvre par M. Guillotin.

Il a été en outre dépensé pour l'installation :

Literie	1,805 65	Report.	6,501 95
Lingerie	3,108 65	Pouponnière	296 »
Articles de ménage	1,057 »	Eau, jardin, droits de voirie	500 40
Chaises, berceaux, tables et accessoires	530 65	Impressions, circulaires, etc.	500 40
A reporter.	6,501 95	Total.	7,798 75

CRÈCHE SAINTE-MARIE DES QUINZE-VINGTS

(Planches 19 et 20.)

La Crèche a été construite sur les plans de M. Laureau, architecte.

Elle est destinée à recevoir cinquante enfants.

Le terrain a coûté 17,000 francs; la construction, 25,000 francs.

La dépense a été payée par Mme Philibert de Reiset, qui a donné à l'œuvre, tant de son vivant que par testament, 46,377 francs.

CRÈCHE SAINTE-AMÉLIE, A PONTOISE

(Planche 21.)

La Crèche, construite par M. Coquet, architecte, peut recevoir trente enfants.

Le terrain a coûté 7,741 fr. 35 ; la construction du bâtiment, 23,965 fr. 65. Le prix total de l'immeuble s'est élevé à 33,521 fr. 60, y compris le calorifère, la grille, le mur de clôture, etc.

La dépense a été couverte avec le produit de souscriptions provoquées et recueillies par Mme Petit de Couprey.

CRÈCHE SAINTE-ÉLISABETH DE PLAISANCE

(Planche 22.)

La Crèche Sainte-Elisabeth avait été construite, sur les plans de M. Bardel, architecte, par M. l'abbé Blondeau, curé de la paroisse, qui avait consacré à cette œuvre toute sa fortune.

Elle était installée au premier étage d'un bâtiment dont le rez-de-chaussée était réservé à une salle de conférences et à un fourneau économique.

Elle pouvait recevoir cent enfants.

En 1880, après la laïcisation de l'École communale, la Crèche a été fermée et le local a été affecté à une École libre.

CRÈCHES PARISIENNES

(Planches 23 et 24.)

Le plan pour *terrain carré* (planche 23) a été inspiré par la Crèche Saint-Pierre du Gros-caillou.

Cette Crèche, construite par M. Bataille, architecte, peut recevoir soixante-quinze enfants.

Elle occupe un rez-de-chaussée élevé de plusieurs marches au-dessus d'un sous-sol. Au premier étage est une école professionnelle.

Elle a été payée avec le produit de souscriptions.

Le plan pour *terrain profond et étroit* (planche 24) a été inspiré par la Crèche laïque du XIe arrondissement.

Cette Crèche est élevée sur un terrain de 250 mètres qui a été évalué 25,000 francs, à raison de 100 francs le mètre. Elle peut recevoir quarante enfants. Elle a été construite par le propriétaire, qui a dépensé 25,000 francs, et qui perçoit un loyer de 2,500 francs, représentant 5 p. 100 de la valeur du terrain et de la dépense de construction.

CRÈCHE DU CATEAU (NORD)

(Planche 25.)

La Crèche peut recevoir quarante enfants.

Elle a été construite par MM. Auguste Seydoux, Sieber et Cie, pour compléter l'ensemble d'institutions créées par eux pour les ouvrières de leur filature : Salle d'asile, École primaire, classes d'adulte, classes d'ouvrage pour les jeunes filles.

CRÈCHE DE COURGAIN, A CALAIS

(Planche 25.)

La Crèche de Courgain peut recevoir quatre-vingts enfants. Elle a été construite aux frais de la ville de Calais qui a mis le local à la disposition d'une association de dames.

CRÈCHE SAINTE-MARIE, A CARCASSONNE

(Planche 25.)

La Crèche peut recevoir vingt enfants.

Elle a été construite sur un terrain donné par la ville, et payée par les subventions de la ville, du département et de l'État.

La construction, y compris l'installation des appareils de chauffage et d'éclairage, a coûté. . . . . 5,652 fr. 50

Les frais d'ameublement. . . . . 2,826 fr.

Ensemble. . . . . 8,478 fr. 50

CRÈCHE SAINTE-ROSALIE, A LA GLACIÈRE

(Planche 26.)

La Crèche, construite par MM. Saint-Père, architectes, peut recevoir quatre-vingts enfants.

La construction a coûté environ 35,000 francs, savoir :

Maçonnerie	14,750 37	Report	31,779 44
Charpente	7,437 05	Serrurerie	892 80
Menuiserie	4,788 »	Gaz	503 74
Couverture	3,036 17	Bitume et pavage	1,200 94
Peinture et vitrerie	1,913 85	Tentures	108 15
A reporter	31,759 44		34,700 07

La dépense a été payée au moyen de quelques dons généreux et de nombreuses souscriptions.

CRÈCHE SAINTE-GENEVIÈVE

(Planche 26.)

La Crèche Sainte-Geneviève est installée au deuxième étage d'une maison de la rue de la Montagne-Sainte-Geneviève.

Elle peut recevoir quarante enfants.

CRÈCHE SAINT-BERNARD, A LYON

(Planche 26.)

La Crèche Saint-Bernard a été construite en 1867 par la ville de Lyon, sur l'emplacement d'un ancien bastion. L'œuvre de la Crèche a contribué à la dépense par le versement d'une somme de 50,000 francs, recueillie au moyen de quêtes et de souscriptions particulières.

La Crèche peut recevoir plus de cent enfants. Elle est située au premier étage. Le rez-de-chaussée est réservé à la Salle d'asile, et le deuxième étage au logement du personnel des deux établissements.

La Crèche et l'Asile étaient primitivement réunis sous la direction des sœurs de Saint-Joseph. L'Asile, qui était communal, ayant été laïcisé, les deux institutions sont maintenant complètement séparées, bien que placées dans le même bâtiment.

CRÈCHE ÉCOLE-GARDIENNE DE SAINT-GILLES, A BRUXELLES

(Planche 27.)

L'établissement a été construit par un généreux donateur, M. le docteur Jourdan, qui a dépensé, dit-on, plus de 70,000 francs pour la construction, outre le prix du terrain.

Le rez-de-chaussée est occupé, comme dans la plupart des Crèches belges, par l'École-gardienne ; le premier étage est réservé à la Crèche.

L'École-gardienne est communale ; la Crèche est une œuvre privée.

NOURRICERIE ET POUPONNAT DE M. GODIN, A GUISE (AISNE)

(Planche 28.)

La *nourricerie* et le *pouponnat* sont les deux premiers établissements d'une série d'institutions que M. Godin a créées pour les ouvriers de sa manufacture, et auxquelles il a donné le nom de *Familistère de Guise*.

Le bâtiment où sont établis la *nourricerie* (enfants au-dessous de deux ans) et le *pouponnat* (enfants de deux à quatre ans) a coûté environ 40,000 francs. Il a 15 mètres de longueur.

Voici encore la dépense d'installation de plusieurs autres Crèches établies dans diverses villes de France.

La Crèche de Vincennes est destinée à recevoir cinquante enfants. Elle est installée dans un bâtiment qui a été construit, en 1878, sur un terrain pris en location, avec faculté de l'acquérir plus tard.

Les dépenses d'installation ont été réparties sur les deux années 1878 et 1879.

CONSTRUCTION			MOBILIER		
Maçonnerie	4,375	»	Vingt-quatre berceaux	821	90
Charpente	1,208	»	Pouponnière	200	»
Couverture	1,014	»	Linge	362	10
Menuiserie	1,239	»	Divers objets mobiliers	302	95
Serrurerie	719	10	Fourneau de cuisine et poêle	361	10
Peinture	513	»	Ustensiles et registres	171	20
Branchement des eaux	101	85	Total du mobilier	2,222	25
Architecte	400	»	Construction	10,010	30
Jardin	239	»	Total de la dépense	12,232	55
Eau	39	35			
Hangar et case à charbon	162	»			
Total des dépenses du local	10,010	30			

Les deux Crèches de Beauvais ont été construites par quelques personnes charitables qui se sont constituées en Société civile.

La première installation de la Crèche Saint-Jean, disposée pour recevoir soixante enfants, a coûté, pour l'immeuble, le mobilier et la lingerie, une somme de 55,336 francs.

IMMEUBLE

Acquisition de terrain	8,000
Bâtiments, y compris l'installation du gaz et des conduites d'eau	36,000
Total	44,000

MOBILIER

Armoires	730	Report	3,163
Barrières	250	Sièges dans le lavabo	90
Deux pouponnières	460	Faïencerie	230
Chaises, fauteuils d'enfants	160	Ferblanterie	200
Bancs	46	Quincaillerie	80
Berceaux et petits lits carrés	700	Mercerie	20
Plume et laine	300	Fourneau de cuisine	155
Varech	90	Cinq grands lits et leurs sommiers	275
Paillassons, toile cirée	78	Meubles de chambre	62
Bureau	62	Tonnellerie pour la buanderie	140
Tables	30	Vannerie	30
Horloge	45	Travaux accessoires de serrurerie, menuiserie, ustensiles divers	510
Orgue mécanique	132		
Crucifix	80		
A reporter	3,163	Total	4,955

LINGERIE

33 douzaines de draps pour lits carrés à 1 fr. 50.	594	»
20 douz. de draps pour berceaux à 1 fr. 25	300	»
4 douz. de chemises à 65 cent.	31	20
4 douz. de brassières à 1 fr. 25.	60	»
12 douz. de bavettes piqué blanc à 75 cent.	96	»
12 douz. de pointes ou fichus blancs à 25 cent.	36	»
92 douz. de couches à 90 cent.	993	60
17 douz. de paillasses pour lits et berceaux à 2 francs.	408	»
30 douz. de langes molleton à 1 fr. 50	540	»
12 douz. de serviettes pour le lavabo à 80 cent..	115	20
6 douz. de serviettes de table à 1 franc	72	»
12 douz. de bonnets à 50 cent.	72	»
12 douz. de mouchoirs de poche à 25 cent.	36	»
40 douz. de tabliers d'enfants à 1 franc	480	»
18 douz. de robes à 2 francs . .	648	»
A reporter	4,482	»

Report	4,482	»
6 douz. de tabliers de service à 1 fr. 50.	108	»
6 douz. de manches de service à 50 cent.	36	»
6 douz. de tours de berceaux à 2 francs	144	»
12 douz. de taies d'oreillers à 50 cent.	72	»
12 douz. de dessus de lits et de berceaux à 1 franc	144	»
5 douz. de couvertures en laine blanche à 5 francs	300	»
4 douz. de couvertures coton blanc à 1 fr. 50.	72	»
5 douz. de couvre-pieds à 4 fr.	240	»
40 rideaux tulle filet pour berceaux à 7 francs.	280	»
50 toiles caoutchouc à 1 fr. 50. .	75	»
13 paires de grands rideaux de fenêtres à 10 francs.	230	»
10 paires de petits rideaux de fenêtres à 3 francs	30	»
20 douz. de torchons de cuisine à 70 cent.	168	»
Total	6,381	»

La Crèche Saint-Joseph, ouverte le 10 décembre 1878 à Bordeaux, rue de la Trésorerie, est destinée à recevoir trente enfants. Elle a été établie dans un bâtiment qu'il a fallu approprier à sa destination.

Les frais d'installation se sont élevés à 3,804 fr. 75 c. savoir :

Maçonnerie	280	»
Menuiserie	132	75
Serrurerie.	104	»
Peinture.	12	65
Installation de l'eau.	33	»
Bassins pour lavage, etc.	70	»
A reporter.	632	40

Report.	632	40
Ventilateur	40	»
Nettoyage de la maison et cour	38	50
Tôle pour couvrir la cour. . . .	225	»
Enseigne pour la porte d'entrée	45	»
Total des frais d'appropriation	980	90

Berceaux en fer	555	»
Couchettes	115	10
Armoires, tables, bancs, chaises	225	55
Literie	236	30
Couvertures de laine et de coton	247	50
Draps, serviettes, torchons	151	»
Langes en laine et en coton	100	»
Tabliers, mouchoirs	119	»
A reporter	1,809	35
Report	1,809	35
Cappa caoutchouc	212	»
Rideaux et couvre-pieds	372	90
Mercerie et façons	68	10
Toilette, balais	148	60
Marchepieds, promenoirs	28	»
Plaques sur les berceaux	123	»
Registres, etc.	51	»
Total du mobilier	2,813	85

Dans ces chiffres ne sont pas comprises quelques dépenses qui ont été faites depuis pour l'écoulement des eaux, le dallage de la cour, l'installation du gaz, la construction d'un calorifère.

Les deux Crèches de Nancy ont été construites par une Société de bienfaisance, avec le produit de dons et souscriptions, et avec l'aide des subventions de la ville.

La Crèche Saint-Nicolas peut recevoir quarante-cinq enfants. La construction, y compris les appareils de chauffage et d'éclairage, a coûté 28,621 fr. 80 c. La superficie bâtie était de 160 mètres carrés. La dépense représente donc 143 francs par mètre carré de construction, et 643 francs par place d'enfant.

La Crèche Notre-Dame, construite sur 180 mètres carrés et destinée à recevoir cinquante enfants, a coûté, savoir :

Construction	34,000 »	35,326 70
Calorifères	1,326 70	
Mobilier		4,[illegible] 35
Total		39,318 05

Ces chiffres représentent 189 francs par mètre carré de construction, et 840 francs par enfant, y compris le mobilier. L'intérêt du capital dépensé pour l'installation représente quatorze centimes pour chaque journée de présence d'un enfant.

CRÈCHES

qui ont été construites pour leur destination, et dont le plan peut servir de modèle.

PARIS

VII° Arr. *Saint-Pierre du Gros-Caillou*, rue de Grenelle, 182.
XI° — *Crèche laïque du XI° arrond.*, pass. Lechevin (av. Parmentier).
XII° — *Sainte-Marie-des-Quinze-Vingts*, 8, p. Gatbois, av. Daumesnil, 66.
Crèche de Picpus, ruelle des Tourneux, 3.
XIII° — *Saint-Marcel* (Maison-Blanche), rue Vandrezanne, 40.
Sainte-Rosalie, rue de la Glacière, 35.
Marie-Louise, rue Jenner, 39.
XV° — *Sainte-Marguerite* (Grenelle), rue Ginoux, 6.
XVI° — *L'Annonciation* (Passy), rue Raynouard, 60.
XVII° — *Saint-Joseph* (Ternes), rue Bayen, 49.
Crèche de la Compagnie de l'Ouest, avenue de Clichy, 163.
XVIII° — *Saint-Pierre-Montmartre*, rue Caulaincourt.

DÉPARTEMENT DE LA SEINE

CACHAN. *Saint-Raphaël*, rue des Tournelles, 5.
CLAMART. *Sainte-Émilie*, rue du Trosy.
COURBEVOIE. *Crèche municipale*, rue du Château, 39.
PANTIN. *Crèche des Quatre-Chemins*, route de Flandre, 82.
PUTEAUX. *Crèche municipale*, rue des Écoles, 59.
VINCENNES, rue des Carrières, 5.

DÉPARTEMENTS

Crèches de Beauvais, Calais, Le Cateau, Elbeuf, Guise, Lyon (Saint-Bernard), Nancy, Pontoise, Roubaix, Rouen (Saint-Paul), Saint-Germain-en-Laye, Tours, etc., etc.

ÉTRANGER

ALLEMAGNE. Crèches de Linden (Hanovre), Düren (Prusse), etc.
AUTRICHE. Crèches de Vienne, etc.
BELGIQUE. Crèches de Bruxelles, Anvers, Louvain, etc.

TABLE

1910. — Paris, imprimerie, Jouaust et Sigaux, rue St-Honoré, 338.

CRÈCHE Ste MARGUERITE Planche 17

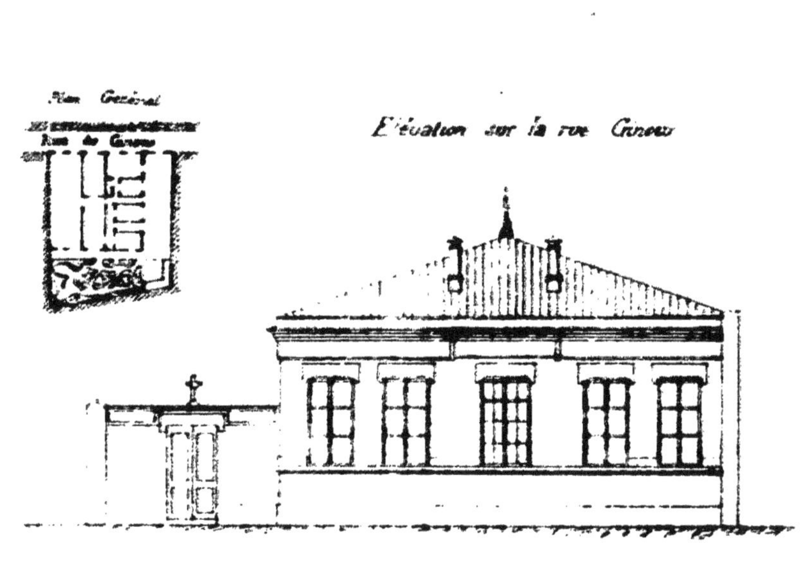

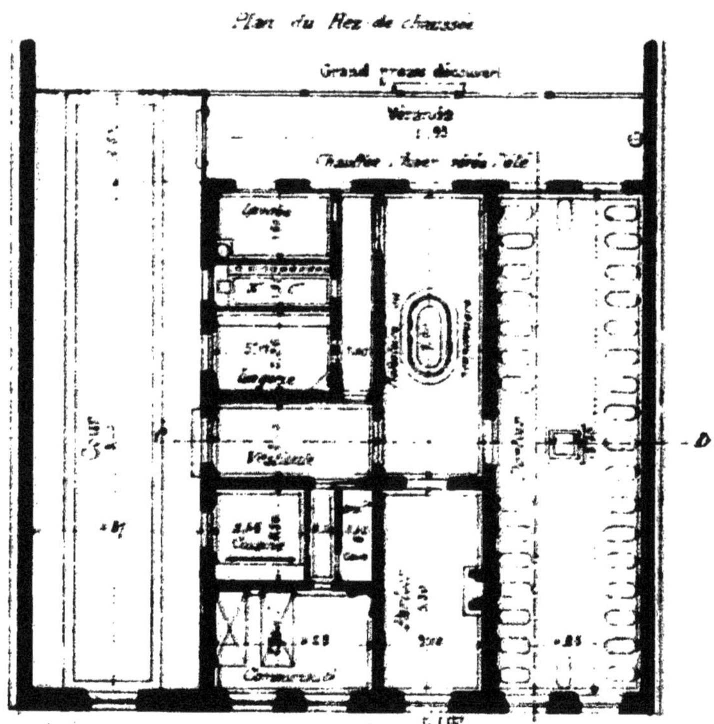

CRÈCHE Ste MARGUERITE

Planche 18

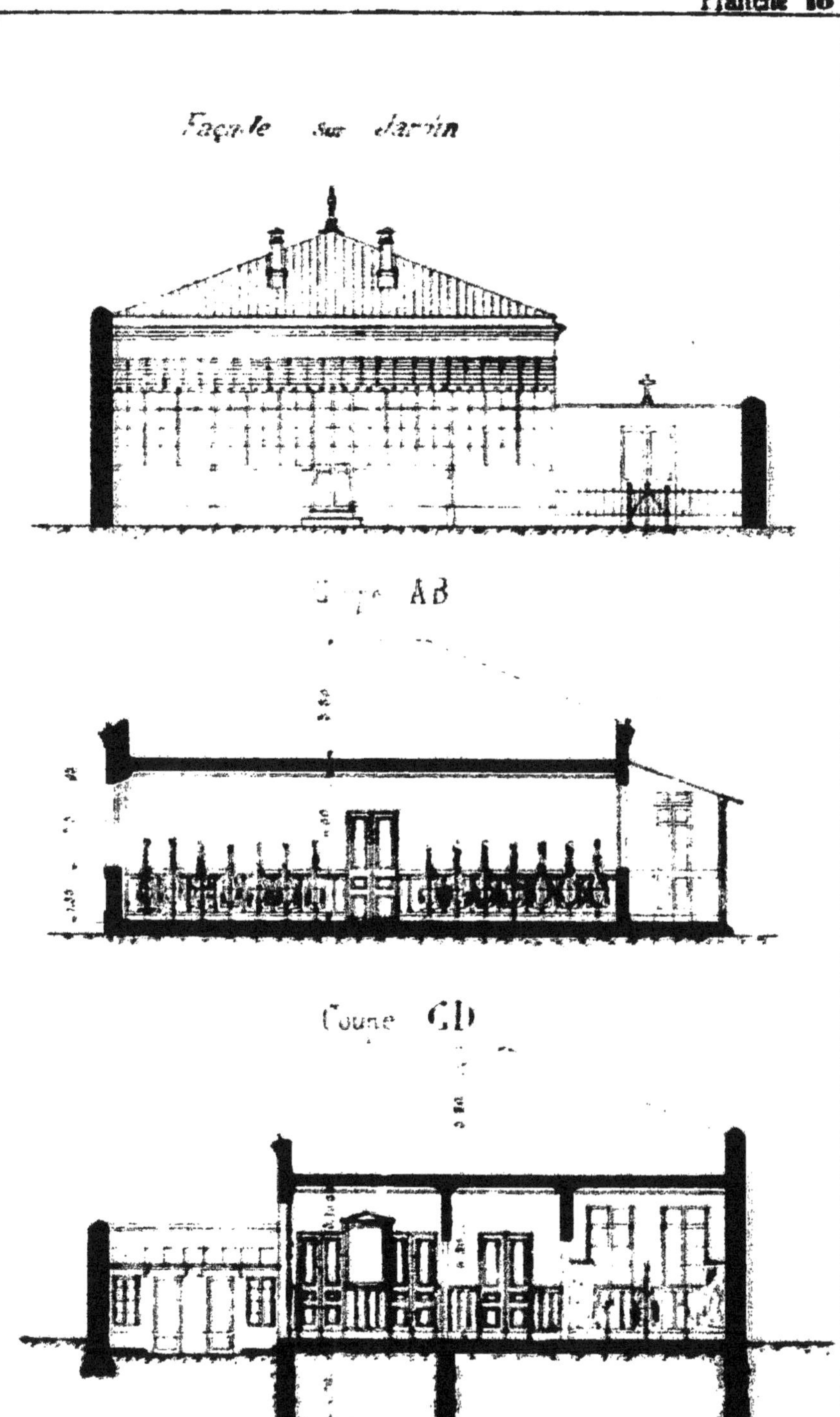

(PARIS) CRÈCHE Ste MARIE des QUINZE VINGTS Planche 19

Façade sur le passage

Plan du Rez de chaussée

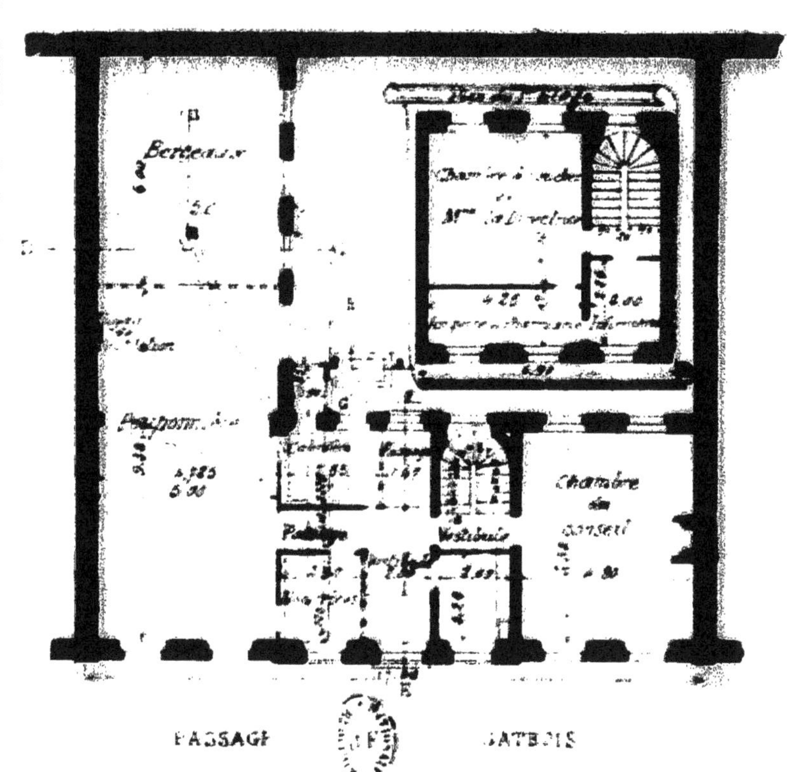

PARIS CRÈCHE Ste MARIE DES QUINZE-VINGTS Planche 20

Façade sur cour et coupe ABCD

Coupe EFGH

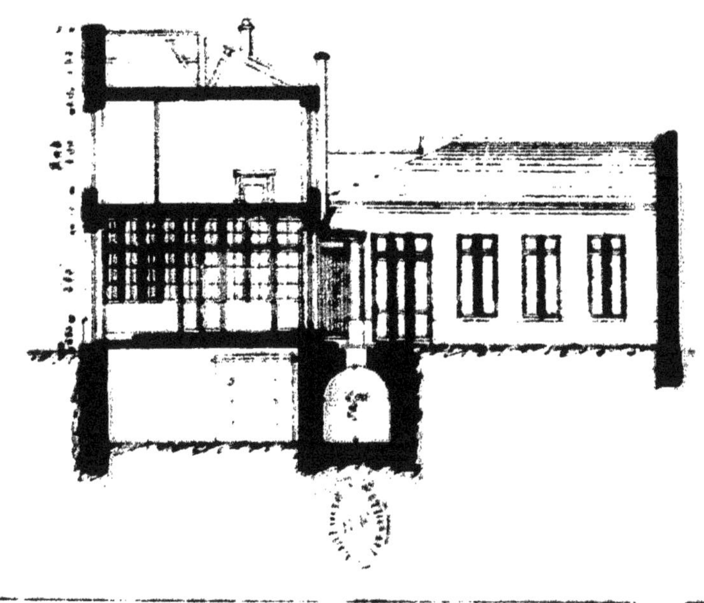

CRÈCHE Ste EMILIE (à Auteuil) Planche 21

Elévation

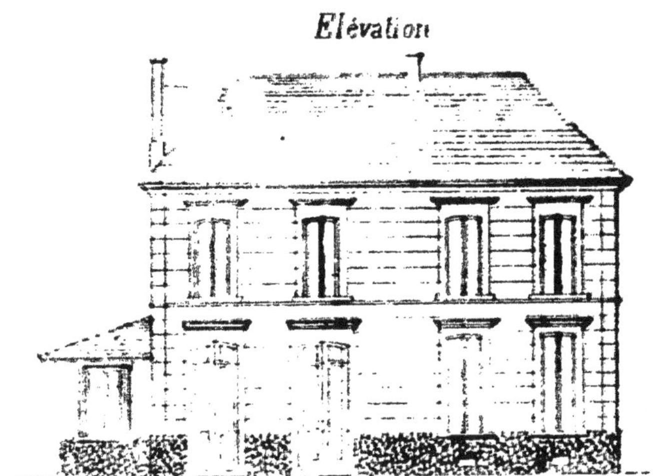

Plan des caves

Plan du 1er Etage

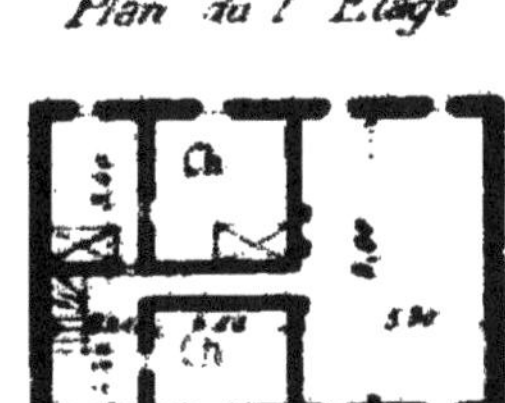

Plan du Rez de Chaussée

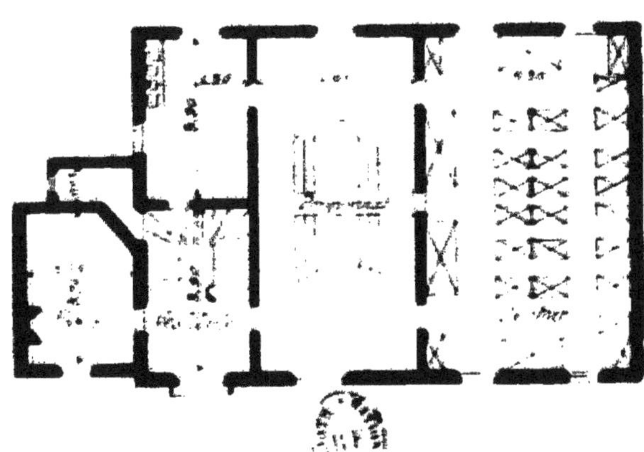

CRÈCHE Ste ÉLISABETH à Plaisance Paris Planche 22

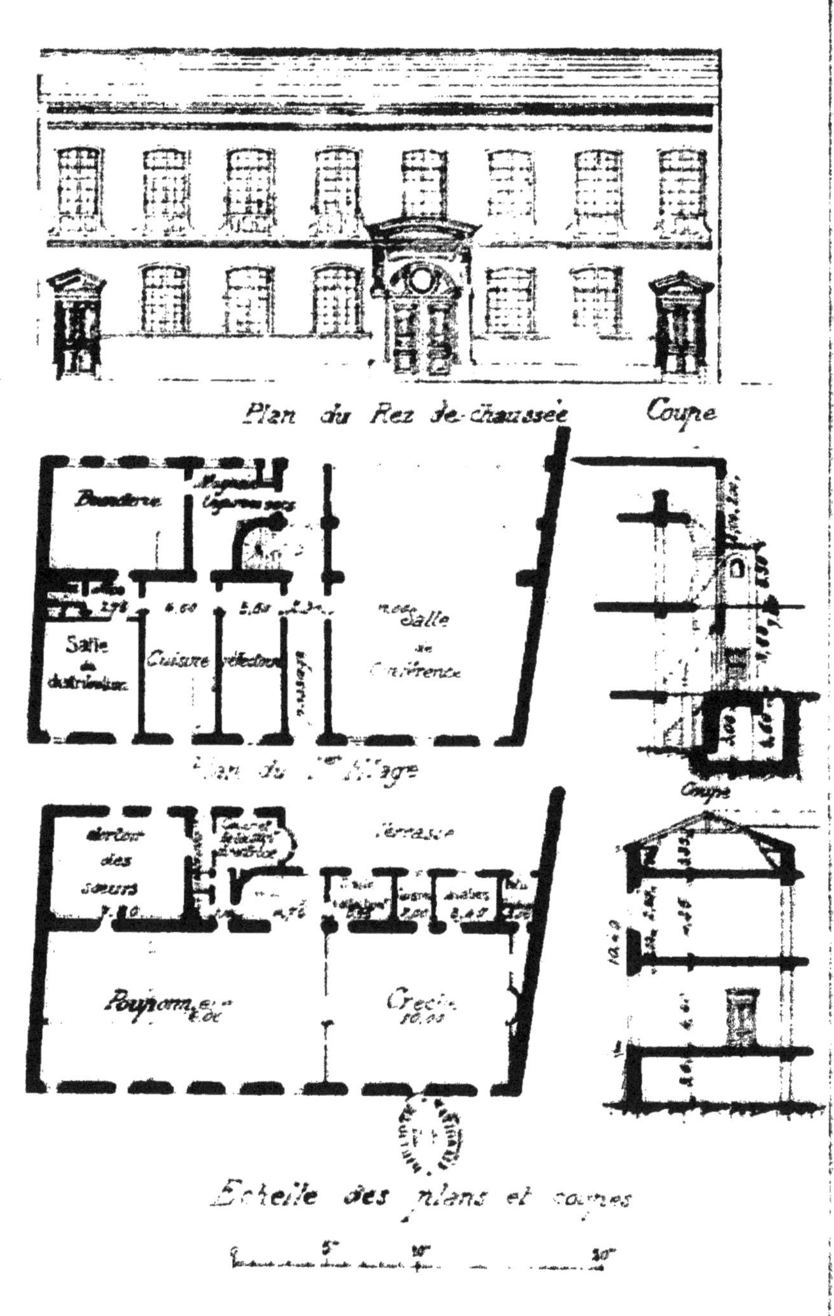

Élévation d'une crèche pour terrain carré

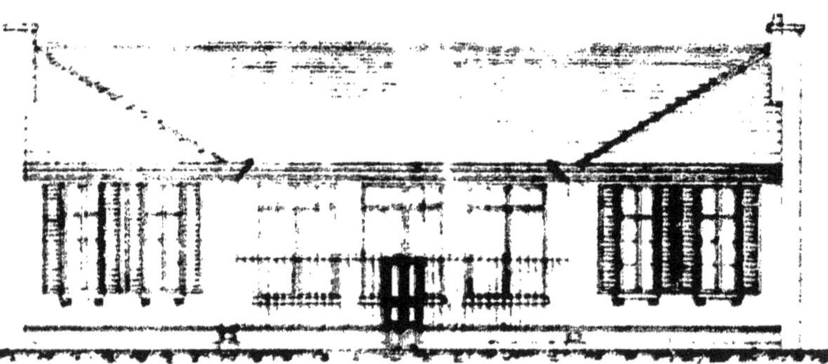

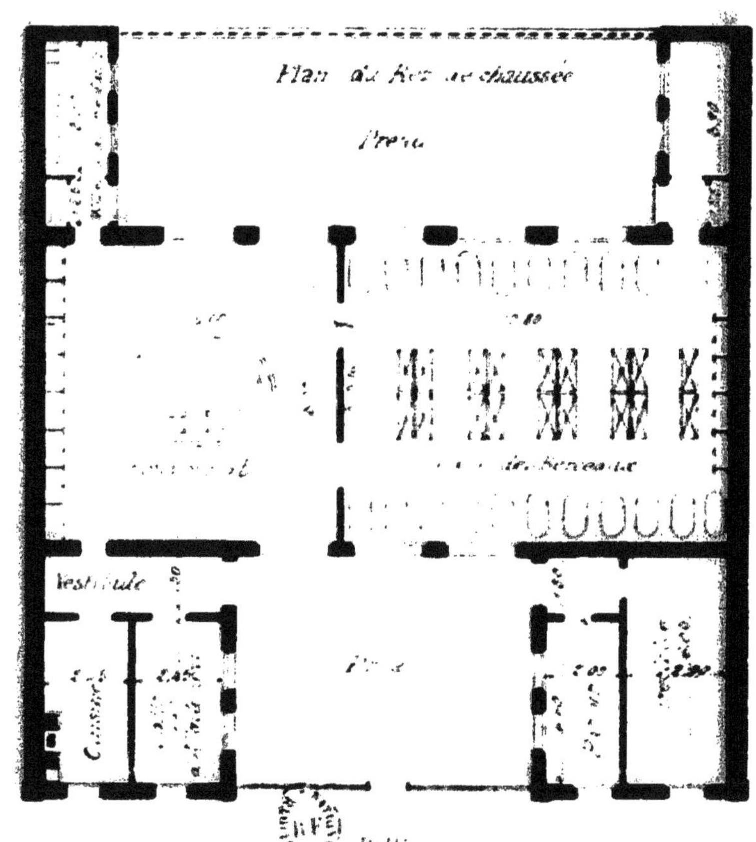

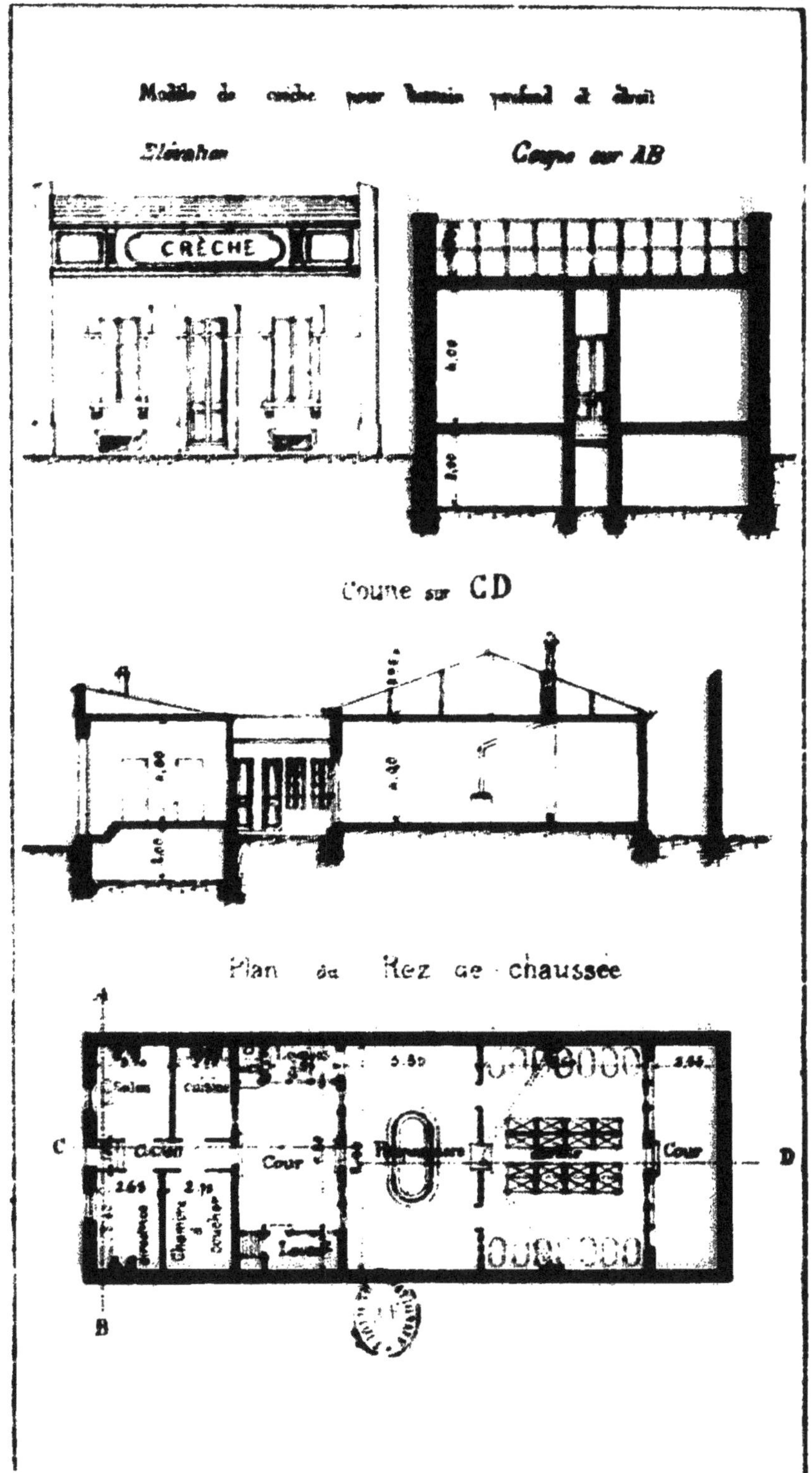
Coupe sur AB
CRÈCHE
Coune sur CD
Plan du Rez de chaussée
Salon
Cuisine
Cour
Cour
Cour
C
D
B
5.50
2.65

Crèche du Cateau pour 40 enfants

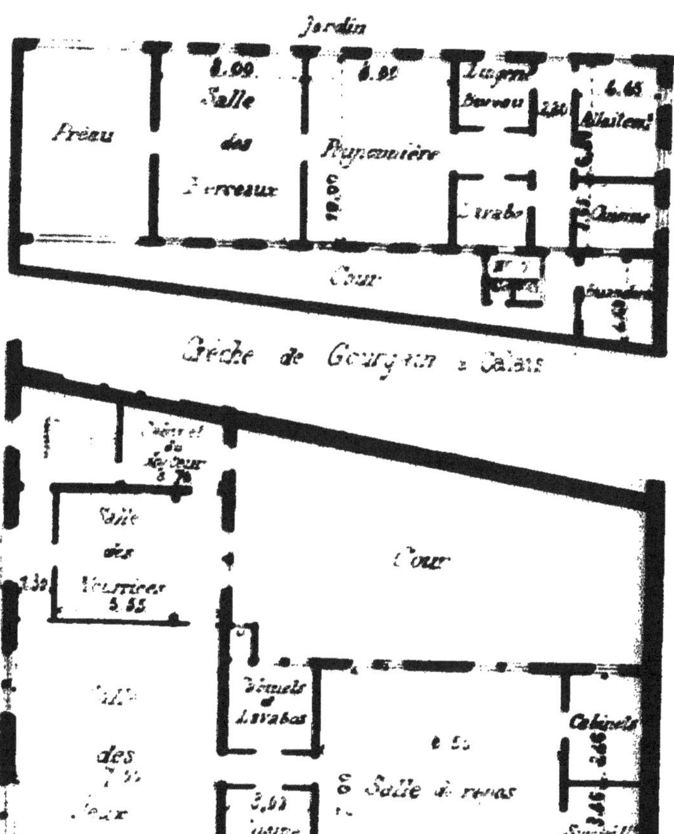

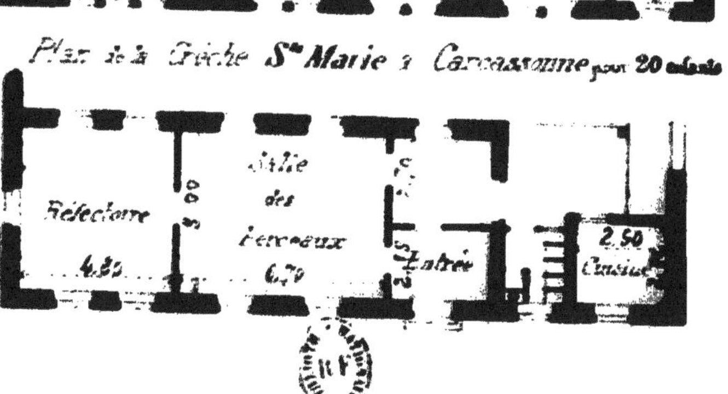

Plan à [illegible] de la crèche Ste Rosalie pour 50 Enfants

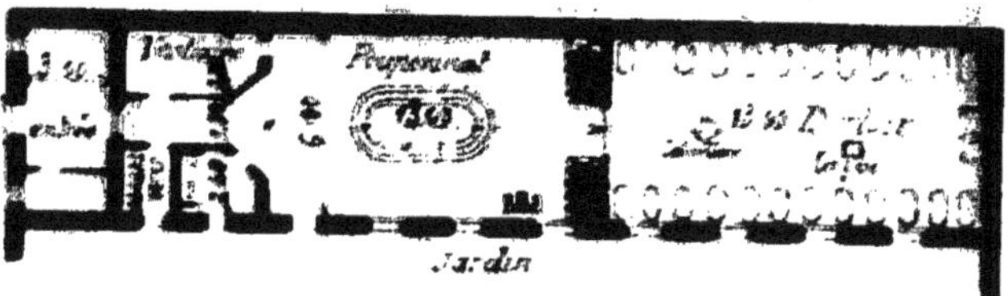

Plan à [illegible] de la crèche Ste Geneviève [illegible] Enfants

[illegible] de la crèche St Bernard Lyon

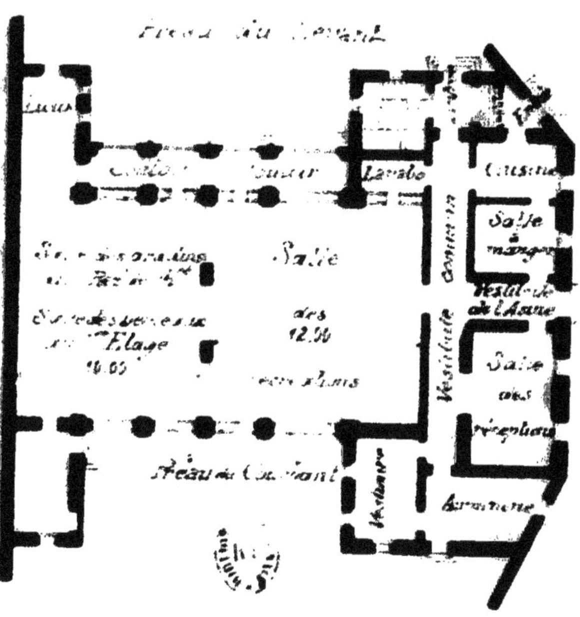

ÉTABLISSEMENT DE St GILLES.

Élévation Coupe suivant AB

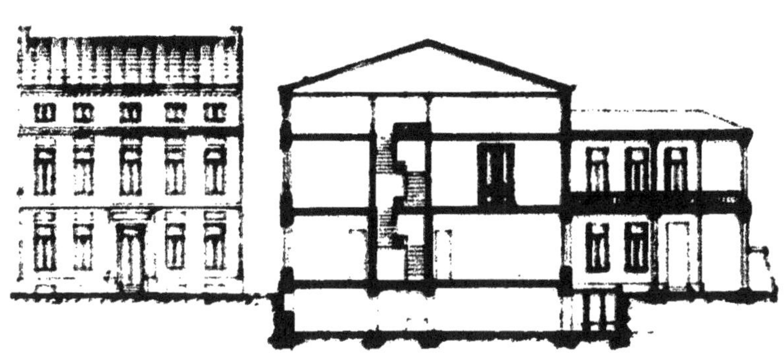

Plan du premier Étage à 0m0025 (Crèche)

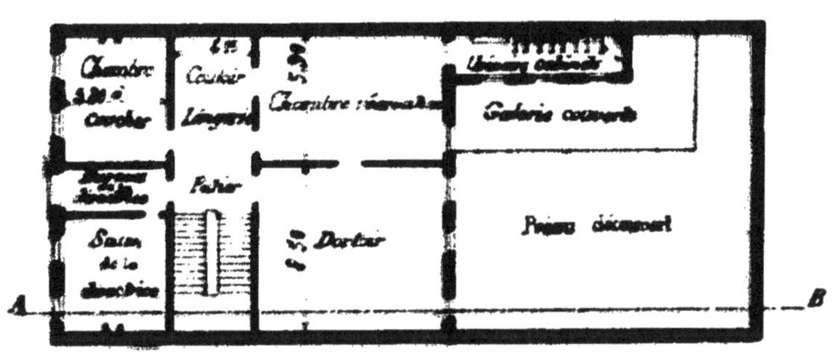

Plan du Rez de Chaussée (Écoles)

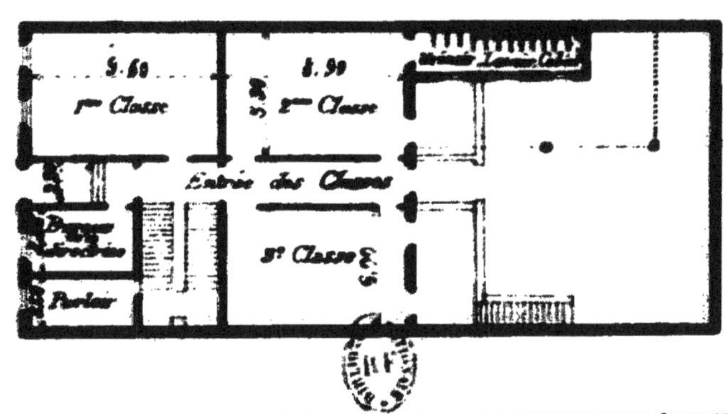

Vue Perspective

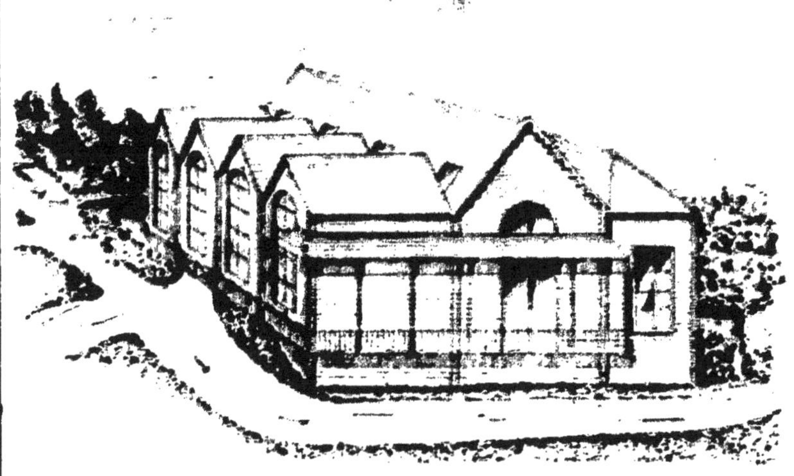

Vue Intérieure

[illegible] de la [illegible] et les salles de [illegible]

[illegible] À CONSULTER SUR LES CRÈCHES

[illegible] Marbeau (ouvrage couronné par l'Académie française). — 1 franc.

[illegible] des enfants *par les Crèches*, avec plans, par M. Trigant de Beau-[illegible] et fils, 26, place Dauphine.)

[illegible] des *Crèches*, *Salles d'asile*, *Écoles*, avec atlas et plans, [illegible] — 40 francs. (Baudry et Cie, 15, rue des Saints-Pères.)

[illegible] l'Hygiène des Crèches, rapport et discours à l'Académie de médecine, par le docteur [illegible], 1869 et 1870. (J.-B. Baillière et fils.)

[illegible] sur les Crèches, par MM. les abbés Ansault, Hugon, etc.

[illegible] — Paris, Imprimerie Jouaust et Sigaux, 338, rue Saint-Honoré.

www.ingramcontent.com/pod-product-compliance
Ingram Content Group UK Ltd.
Pitfield, Milton Keynes, MK11 3LW, UK
UKHW021226230726
13926UKWH00003B/1267

9 782014 459050